项目资助

广东省高等教育教学改革项目：思政课体验式教学模式的探索与实践（2023）

数字化时代高校思想政治教育创新

揭晓 等著

中国社会科学出版社

图书在版编目（CIP）数据

数字化时代高校思想政治教育创新 / 揭晓等著.
北京：中国社会科学出版社，2025.8. -- ISBN 978-7
-5227-4923-5

Ⅰ．G641

中国国家版本馆 CIP 数据核字第 2025KY3311 号

出 版 人	季为民
责任编辑	赵　丽
责任校对	禹　冰
责任印制	郝美娜

出　　版	中国社会科学出版社
社　　址	北京鼓楼西大街甲 158 号
邮　　编	100720
网　　址	http：//www.csspw.cn
发 行 部	010 - 84083685
门 市 部	010 - 84029450
经　　销	新华书店及其他书店

印刷装订	北京市十月印刷有限公司
版　　次	2025 年 8 月第 1 版
印　　次	2025 年 8 月第 1 次印刷

开　　本	710×1000　1/16
印　　张	13.25
字　　数	201 千字
定　　价	78.00 元

凡购买中国社会科学出版社图书，如有质量问题请与本社营销中心联系调换
电话：010 - 84083683
版权所有　侵权必究

前　　言

当今世界，新一轮科技革命和产业变革深入发展，数字技术日渐成为驱动人类社会发展方式、组织架构和运作模式发生重大变革的引领力量之一。近年来方兴未艾的大数据、云计算、人工智能、虚拟现实、增强现实技术，深刻改变了教育教学的内涵和方式。在数字化时代背景下，高校思想政治教育面临着前所未有的机遇与挑战，高校思想政治教育面临着一场深刻的变革。

教育兴则国家兴，教育强则国家强，加快推进新时代高校思想政治教育创新，关键在于适应数字化时代的新要求。2023年，习近平总书记在中共中央政治局第五次集体学习时强调："教育数字化是我国开辟教育发展新赛道和塑造教育发展新优势的重要突破口。进一步推进数字教育，为个性化学习、终身学习、扩大优质教育资源覆盖面和教育现代化提供有效支撑。"这一战略部署为高校思想政治教育的创新与实践指明了方向，提出了要求。同年，教育部思想政治工作司在2023年工作要点中也明确提出，要进一步强化数字赋能，探索建立高校"思政指数"。由此可见，推进数字技术与高校思想政治教育的融合发展是数字化转型的必然趋势。本书正是对思想政治教育数字化这一时代命题的深入回答。

在数字化时代，高校思想政治教育工作者应改变传统的育人观念，转向注重内容与形式的创新。在信息爆炸、信息获取渠道多样化的今天，传统的灌输式教育方式已不适应新时代学生的需求，而应该积极从"单向灌输"向"双向互动"转变。因此，教育者需要创新教育内容，更加注重时效性和前沿性，结合时事热点、社会问题，设计富有时代感和吸引力的教育内容。同时，教育形式也应多样化，如微电影、微视频、网络直播等，这些新颖的形式更容易被学生接受，从而提高思政教育的传播效果。

在数字化时代，高校思想政治教育要改革创新，则应积极探索个性化的教育模式。教师可以通过建立学生个人学习档案、实施精准化教学辅导、开展定制化实践活动等方式，满足不同学生的学习需求和发展特点。要改革创新教育方式，就要充分发挥好以大数据、人工智能等为代表的数字技术在高校思政工作中的重要作用，利用好云端的"智慧课堂"、虚拟仿真式教育、"微思政"等数字手段，以数字化赋能网络思政工作体系、内容、方式等全方位创新。通过网络平台、虚拟现实技术（VR）、增强现实技术（AR）等，教育者可以构建丰富多样的教育教学场景，使学生在沉浸式环境中接受思想政治教育。例如，利用VR技术让学生沉浸式体验教育成果，不仅增强了教育的趣味性和互动性，也提高了学生对理论知识的理解和把握。

同时，大数据分析也为高校思想政治教育提供了精准的教育数据。通过分析学生的学习行为、思想动态和反馈信息，教育者可以更好地了解学生的需求，制订个性化的教育计划。借助数字技术，教育者能够深入分析大学生的知识结构、学习反馈、思维特点及认知习惯，进而为他们提供针对性的教育模式。此外，数字化平台的建立也为思政教育的评价和反馈提供了便捷途径，有助于教育者及时调整教学内容和方法。

在教学策略上，借助数字技术的思政教育有很大的创新空间。比如，教师可以通过音频、视频、图像等形式，形成立体化的话语呈现与传播，使思政教育话语更加形象生动，更易于被学生接受和理解；通过数字赋能、知识赋能、智慧赋能的联结与推动，整合教育资源、空间、场景及教学反馈，推动思想政治教育方法呈现智慧化形态。

总之，数字化时代为高校思想政治教育提供了广阔的发展空间。本书分析了数字化时代高校思想政治教育面临的机遇和挑战，并从理念、话语、模式、载体和实践等层面探索思想政治教育的数字化运用，全面建构数字化高校思想政治教育的育人新格局，充分拓展了数字化时代思想政治教育的发展空间，对于推进高校思想政治教育的改革创新具有重要的借鉴参考价值。每一位教育工作者，都应该紧跟时代步伐，积极探索数字化思想政治教育的新模式、新路径，推动思想政治教育创新发展，为培养新时代新人贡献智慧和力量。

目　　录

第一章　数字化时代与高校思想政治教育创新……………（1）
　　第一节　数字化时代高校思想政治教育创新的内涵与
　　　　　　特点………………………………………………（1）
　　第二节　数字化背景下高校思想政治教育创新面临的
　　　　　　机遇………………………………………………（10）
　　第三节　数字化背景下高校思想政治教育创新面临的
　　　　　　挑战………………………………………………（20）

第二章　数字化时代高校思想政治教育理念创新…………（29）
　　第一节　高校思想政治教育理念创新的现实审视………（29）
　　第二节　高校思想政治教育数字化理念的多维要求………（41）
　　第三节　培育思想政治教育者的数字化思政理念…………（49）

第三章　数字化时代高校思想政治教育模式创新…………（66）
　　第一节　高校思想政治教育模式的现存问题……………（66）
　　第二节　数字化时代高校思想政治教育模式的创新
　　　　　　思路………………………………………………（75）
　　第三节　运用数字化技术建构思政教育新模式……………（87）

第四章 数字化时代高校思想政治教育话语创新 …………（99）
第一节 困境与机遇：高校思想政治教育话语创新的现实审视 ………………………………………（100）
第二节 生成与传播：高校思想政治教育话语的创新趋势 ………………………………………………（113）
第三节 高校思想政治教育话语数字化创新的基本路径 ………………………………………………（120）

第五章 数字化时代高校思想政治教育载体创新 …………（131）
第一节 高校思想政治教育载体生态 ………………（131）
第二节 思想政治教育载体创新的多维审视 ………（139）
第三节 传统思想政治教育载体数字化转型路径 …（145）
第四节 思想政治教育数字载体创新策略 …………（158）

第六章 数字化时代高校思想政治教育创新实践探究 ………（166）
第一节 数字化时代高校思想政治教育创新实践的现状 ………………………………………………（166）
第二节 数字化时代高校思想政治教育实践场域的理论建构 ………………………………………（179）
第三节 数字化时代高校思想政治教育的创新路径 ………（190）

后　记 ………………………………………………………（205）

第 一 章

数字化时代与高校思想政治教育创新

第一节 数字化时代高校思想政治教育创新的内涵与特点

一 数字化时代高校思想政治教育创新的内涵

思想政治教育创新是新时代推进高校思想政治工作的内在要求。习近平总书记在全国高校思想政治工作会议上强调，做好高校思想政治工作，"要运用新媒体新技术使工作活起来，推动思想政治工作传统优势同信息技术高度融合，增强时代感和吸引力"[1]。因此，实现思想政治教育数字化是推进思想政治教育创新发展的必然要求。那么，如何理解数字化时代高校思想政治教育创新的概念呢？

关于高校思想政治教育创新的概念，学术界对此莫衷一是。总的来讲，学术界存在以下三种观点：

第一种观点是"教育发展论"。该观点强调思想政治教育的创新就是立足于时代发展需要，不断解决高校思想政治教育问题的发展过程。高校思政教育创新，对于加强高校思想政治教育、提升大

---

[1] 引自习近平《把思想政治工作贯穿教育教学全过程 开创我国高等教育事业发展新局面》，《人民日报》2016年12月9日第1版。

学生思想政治素质、推进人才培养质量和高校建设等方面具有重要的意义和实践价值。如有学者认为："无论何种变革，都是致力于推动高校思想政治教育的发展，致力于社会和个人的发展。离开发展谈创新，将会使创新失去其自身价值和内在生命力。"① 还有学者站在学生发展的角度，认为高校思想政治教育创新，就是变革高校思想政治教育的理念、方法、载体等各个要素。这种观点将"高校思想政治教育创新的核心内涵等同于发展"。② 因此，高校思想政治教育创新是当前高等教育改革与发展的重要课题。

　　第二种观点是"方法创新论"。这种观点认为思想政治教育创新本质上就是思想政治教育的方法创新。张耀灿等认为思想政治教育方法论是运用辩证唯物论和唯物史观的基本理论，研究和揭示人们的思想形成、发展、转化的规律，实施思想政治教育的规律，以及运用这些规律提升人们思想政治水平和思想道德素质的方法的总和。③ 万美容认为市场经济的发展推动了社会和人的双向发展，出现人的发展个性化与社会发展多样化的矛盾运动，客观上成为思想政治教育走向现代化的动力。④ 如有学者认为："所谓大数据时代思想政治教育方法的创新，是指将大数据的思维、技术和方法等运用于思想政治教育实践活动和研究的全过程，推动大数据与思想政治教育方法有机结合，最终实现思想政治教育方法的信息化、科学化和快捷化。"⑤ 还有学者认为："思想政治教育方法论创新是以马克思主义世界观、认识论和方法论的逻辑体系为基础，将思想政治教

---

① 张瑞敏：《大数据背景下高校思想政治教育创新研究》，博士学位论文，华东师范大学，2020年。
② 廖志诚：《思想政治教育创新动力论》，社会科学文献出版社2012年版，第11页。
③ 张耀灿等：《现代思想政治教育学》，人民出版社2006年版，第362页。
④ 万美容：《论现代思想政治教育方法论的三大转变》，《学校党建与思想教育》2009年第2期。
⑤ 崔建西、邹绍清：《论大数据时代思想政治教育方法的创新》，《思想理论教育》2016年第10期。

育方法论创新在理论上分为思维方式的创新、认知方法的创新，在实践上是工作方法的创新。"①"思想政治教育方法论创新有助于丰富和发展思想政治教育方法论的理论成果，推动思想政治教育学科建设发展，提升教育者思想素质和行为效能，促进思想政治教育队伍专业化、专家化。"②

第三种观点是"手段创新论"。这种观点强调运用大数据等现代信息技术推进思想政治教育创新。教育部思想政治工作司原司长冯刚认为："切实加强网络文化背景下的高校思想政治教育是时代发展的客观趋势，也是高校思想政治教育创新的必然选择。"③ 吴满意认为："大数据支撑、集体研判、全域协同的智联预警系统，制造也重塑着思想政治教育本身，实现了精准思政与智慧思政的范式转换，为新时代思想政治教育创新发展提供了新的实践进路。"④ 学者陶好飞、莫勇指出，"在大数据时代，高校思想政治教育工作的开展方式应在大数据环境中重新构建工作思路和方法，以大数据为高校思想政治教育的新生态和新环境，以大数据和信息技术为思路方法，以思想政治教育为目标，准确把握学生动态，关注整体和个体以及它们之间的相关性，创新思政工作开展方式，提升大数据与思想政治教育创新发展。"⑤ 还有学者认为："在信息化时代背景下，信息化时代高校思想政治教育创新是高校思想政治教育对信息化资源的科学运用、对网络信息技术的充分挖掘、对信息化理念的

---

① 刘亮：《数字化时代思想政治教育方法论创新研究》，博士学位论文，江西财经大学，2023年。

② 张炳生、檀杉杉：《思想政治教育方法论创新的哲学思考》，《高校教育管理》2010年第1期。

③ 冯刚主编：《高校思想政治教育创新发展研究》，中国人民大学出版社2009年版，第71页。

④ 吴满意、王丽鸽：《新时代思想政治教育的创新发展需要处理好六大关系》，《中国高等教育》2020年第6期。

⑤ 陶好飞、莫勇：《大数据视域下高校思想政治教育创新路径研究》，《中国电化教育》2019年第8期。

充分融入的过程。"① 有学者指出:"大数据驱动高校思想政治教育创新是指大数据时代下教育主体借助现代信息技术,挖掘、整合高校思想政治教育资源大数据和与教育主客体思想行为相关的数据,以技术优势推动高校思想政治教育创新,促进高校思想政治教育工作数字化、精准化、智能化、智慧化,最终实现立德树人根本任务。"②

总的来讲,虽然学者们对高校思想政治教育创新概念的界定有所不同,但基本上都是围绕如何推进高校思想政治教育效果为目的,通过对旧有的理念、方法、模式、手段等方面的革新,实现高校思想政治教育发展的过程。那么,如何在数字化时代境遇下界定高校思想政治教育创新,本书认为,数字化时代高校思想政治教育创新是与数字技术的融合发展分不开的,这种融合更倾向于将数字技术作为一种工具,通过数字技术运用对高校思想政治教育发生作用,这里就涉及融合的技术层面、价值层面和目标层面等问题。本书认为,数字化时代高校思想政治教育创新是指高校思想政治教育工作者运用现代数字化技术创新高校思想政治教育的理念、方式、话语和载体等,推进思想政治教育数字化的过程。这一过程是数字化技术与思想政治教育的高度融合过程,是充分发挥受教育者这一主体的能动性以及提升思想政治教育实效性的过程。

二 数字化时代高校思想政治教育创新的特征

随着互联网技术的发展,大数据正在改变着人类的生产方式、生活方式和思维方式。《关于进一步加强和改进新形势下高校宣传思想工作的意见》中强调要"创新工作理念和方式方法,创新网络

---

① 李佳:《信息化时代高校思想政治教育创新研究》,博士学位论文,哈尔滨工程大学,2021年。

② 李晗、逄红梅:《大数据驱动高校思想政治教育创新的价值、误区与路径》,《学校党建与思想教育》2022年第20期。

思想政治教育"①，推动高校思想政治教育同数据技术高度融合，使高校思想政治教育创新呈现出鲜明的融合性、主体性、精准性和科学性等新特点。

（一）高校思想政治教育创新强调融合性

在大数据背景下，高校思想政治教育创新具有高度的融合性。这种融合性本质上是高校思想政治教育对数字技术运用的一种充分状态。目前，这种运用主要表现在教育对象、教育载体、教育环体与数字化的融合：一是高校思想政治教育认知方式的数字化运用。在传统教育方式下，思想政治教育主体主要通过观察、谈话、体验以及调查的方式获取受教育者的信息，并将其作为实施教育方式的基本依据。这种认知方式总体上呈现被动性、单一性的特点，难免会出现对受教育者信息的偏差。随着大数据时代的到来，对受教育者信息的获取有了更为全面的、灵活的和智能化的认知方式。目前，常见的如"刷屏阅读""微交往"等新的大数据方法的运用，高校思想政治教育方式也变得更为灵活和人性化，这能够满足教育主导者较为全面及时地把握受教育者的信息和需求。

二是高校思想政治教育载体的数字化构建。传统思想政治教育的载体主要是教育管理活动、实践活动、课堂教学和文化熏陶等。在大数据技术的作用下，高校思想政治教育载体呈现出多元化的特点。大数据的作用在于能够把传统教育载体连接起来，建构体系化的数据化的教育载体和空间。目前，高校普遍建立了公众号、视频平台和门户网站等，以数据化的形式为受教育者呈现各类信息和学习资料，能够为教育者与受教育者建立有效的沟通交流渠道，提高思想政治教育的效果。

三是高校思想政治教育载体的数字化呈现。传统校园环境由于

---

① 《中办国办印发〈意见〉加强和改进新形势下高校宣传思想工作》，《人民日报》2015年1月20日第1版。

缺乏信息技术的支持,使高校思想政治教育的功能大打折扣。"随着大数据时代的到来以及国家大数据战略的实施,高校系统也深受影响,'智慧校园'的建设成为当前高校教育信息化发展的新主题。纵观各高校智慧化校园建设的实际,它包含对信息技术的高度融合、对信息化应用的深度整合,兼具网络化、信息化和智能化特征。"[1] 目前,高校都建立了良好的网络育人环境,还构建了能够支撑智慧校园的数据平台和相关子系统的服务器集群。这些都为高校思想政治教育的数字化创新打下了基础。

(二)高校思想政治教育创新突出主体性

突出主体性是大数据与高校思想政治教育创新的重要特征。在大数据的助推下,高校思想政治教育突出教育者与受教育者的主体性得到发挥。总的来讲,这种主体性主要表现在以下几个方面:一是强调受教育者与教育者主体间的互动。高校思想政治教育与大数据的融合在于数据的捕捉和运用,而这需要教育者和受教育者的双主体的作用。传统思想政治教育主要是通过教育者对受教育者"上对下教导"的方式展开,而大数据的运用则需要教育者与受教育者"主体间对话"。在这一场域中,教育者和受教育者都是主体,他们之间的"主体对话"则是大数据在高校思想政治教育过程中运用的前提条件。

二是强调受教育者主体人格和意识的培养。随着大数据的运用,受教育者也不再处于过去教育中的被动状态。在数字化时代,受教育者的主体意识得到充分展现,他们在教育过程中敢于发表观点和看法,如借助微信、微博、互联网等网络平台,如在线学习中提出更多的问题和需求,以便于思想政治教育者接收更多的信息,推动教育方式向着更为科学合理的方向改进。因此,高校思想政治

---

[1] 李有增等:《关于高校智慧校园建设的若干思考》,《中国电化教育》2018年第1期。

教育与数字化的运用能够促进受教育主体意识和独立人格的培养。

三是强调教育者与受教育者主体能力的提升。一般而言，教育者与受教育者的主体能力越强，越有助于推进思想政治教育创新。大数据的运用，需要教育者与受教育者具有丰富且较高的信息知识和信息能力，能够有效处理和运用相关数据，才能推进创新活动的展开。特别是教育者，要紧跟时代前沿，不断提高自身的数据素养和掌握大数据相关技能，及时把握受教育者的需求信息和思维习惯，才能有的放矢地实施相应的教育策略。由此看来，增强主体性也是大数据背景下高校思想政治教育创新的重要特征。

（三）高校思想政治教育创新凸显科学性

凸显科学性是数字化高校思想政治教育创新的重要特征。这种科学性表现在对思想政治教育的规律性认识、思想政治教育研究方法以及思想政治教育评价考核等方面。一是数字化技术有助于把握思想政治教育规律。以往对人的思想动态把握是比较难的，数字化技术的运用能够依据行为数据信息把握人的思想动态。这是传统方法无法实现的。"由于日常语言和生活轨迹数量太过庞大、内容过于细节化、数据本身很不规整，因而很难通过收集和分析人的日常语言和生活习惯，推断人们的思想政治素质和思想政治教育活动的效果。大数据使这种分析成为可能。"[1] 因此，大数据能够在人的行为与人的思想之间找到相关关系，有助于认识和把握思想政治教育规律。

二是数字化技术促进思想政治教育科学化的发展。数字化技术对于高校思想政治教育的发展而言，具有重要的现实意义。量化研究是判断科学的重要指标。"只有当着社会世界能够用数学语言来表示的时候，它各个部分之间的确切关系才能得到证实。没有量

---

[1] 常宴会：《大数据时代思想政治教育理念的三重反思》，《思想教育研究》2017年第8期。

化,社会学就只能停留在印象主义的臆想和未经证实的见解这样一种水平上。因此,也就无法进行重复研究,确立因果关系和提供证实的通则。"[①] 传统思想政治教育研究范式主要集中于定性研究,因而关于思想政治教育理论都是在理论推理过程中形成的,而在实证研究方面较为缺乏。数字化技术的运用,能够揭示清楚高校思想政治教育各要素之间以及高校思想政治教育与其他领域之间的内在联系,能够通过分析受教育者的行为数据把握受教育者的思想动态,从而为制定正确的教育政策提供科学参考。

三是数字化技术运用使思想政治教育效果评价更加科学化。思想政治教育效果评估是思想政治教育过程中的重要内容。依靠传统的定性分析的方法难以达到科学的评估效果。数字化技术的运用,可以使过去难以量化的信息"数据化"。"我们不再需要在还没有收集数据之前,就把我们的分析建立在早已设立的少量假设的基础之上。让数据发声,我们会注意到很多以前从来没有意识到的联系的存在"。[②] 因此,通过数字化技术实现信息的量化,有助于对思想政治教育效果进行评估,保证所有评估内容都有数据支持,实现教育效果评估的科学化。

(四) 高校思想政治教育创新强调精准性

与传统思想政治教育研究范式注重描述、思辨和假设不同,大数据对思想政治教育的运用,弥补了思想政治教育实证研究的不足。由于"大数据具有科学的样本选择与严谨的数据分析两大优质属性。大数据能够最大程度减少信息数据获取过程中的各种干扰因素,实现对教育对象个体差异的精准把握,使思想政治教育方式从粗放化向精细化和个性化转变、从大水漫灌向细流滴灌乃至润物无

---

① 《社会学基础:观点、方法、学说》,孟还等译,上海社会科学院出版社1986年版,第60—61页。

② [英]维克托·迈尔-舍恩伯格、肯尼斯·库克耶:《大数据时代:生活、工作与思维的大变革》,盛杨燕、周涛译,浙江人民出版社2013年版,第1页。

声转变"。① 因而高校思想政治教育创新具有精准化的特点。

一是大数据推进思想政治教育"精准画像"。在思想政治教育过程中,如何把握受教育者的"精准画像"是实施教育的前提和基础。在传统思想政治教育的范式中,对教育客体的分析通常采取的是整齐划一的教育模式,这就难以满足个性化需求,造成教育资源的低效。大数据的运用,可以通过采集和分析受教育者在专业学习、党团活动、体育活动、实习创业等行为中产生的数据痕迹,"通过筛选、过滤、提纯、分类处理批量数据,深入了解和准确把握教育对象的思维方式、价值取向、学习习惯、接受能力等信息,根据教育对象的个人偏好以及身心发展规律因材施教,切实增强高校思想政治教育的针对性与实效性"②。

二是大数据增强思想政治教育"精准施教"。"大数据推动着思想政治教育向可量化、可视化、实证性和精准化的方向发展。"③ 高校思想政治教育创新的目的在于回答"如何培养人"的问题,为了有效解决这个问题就需要推进思想政治教育的精准化。大数据的运用对于提升思想政治教育的精准性具有重要作用。思想政治教育借助大数据,"通过大数据收集,不仅能密切追踪师生思想行为轨迹,还能进行系统相关分析,由数据痕迹挖掘隐藏的思想动态,更为立体精准地透视思想与行为的差距。"④ 在此基础上,教育者依据目前学生的需求及问题选择恰当的思想政治教育内容与形式,有针对性地开展思想政治教育活动,进而增强高校思想政治教育的吸引

---

① 王寿林:《大数据时代高校思想政治教育方法创新研究》,《思想政治教育研究》2015年第6期。
② 李楠、张凯:《大数据时代高校思想政治教育的创新》,《马克思主义理论学科研究》2019年第4期。
③ 李怀杰、申小蓉:《大数据时代个性化思想政治教育论析》,《思想理论教育》2019年第3期。
④ 罗亮:《人工智能驱动思想政治教育创新的时代价值与实践策略》,《思想理论教育》2021年第3期。

力与亲和力，提高大学生对高校思想政治教育的满意度与认同感。

三是大数据助推思想政治教育"精准评价"。高校思想政治教育评估的科学化一直以来都是学术界探讨的热门话题。特别是如何诊断受教育者的思想动态，预测其行为，如何建立较为科学的评价体系，对受教育者进行精准评估等问题。高校思想政治教育对大数据的运用，能够使这些问题迎刃而解。传统的静态问卷调查难以把握思想与行为的精准关联，而数字化技术能够通过大数据、云计算建立起受教育者的综合素质评价体系，将受教育者的日常学习和生活过程中产生的数据进行收集和记录，并通过评价体系对受教育者思想动态进行评价。与以往教育方式最大的不同在于，高校思想政治教育对于大数据的运用实现了对受教育者的精准评价。

第二节　数字化背景下高校思想政治教育创新面临的机遇

随着数字化时代的到来，高校思想政治教育创新迎来了新的发展机遇。数字化技术凭借其思维优势、资源优势和技术优势，用数据说话、用数据明确决策、用数据科学管理，有效解决了传统思想政治教育弊端，满足新时代思想政治教育的战略需要，拓展了思想政治教育的发展空间，为高校思想政治教育创新带来了新的契机。

一　加快数字融合运用，契合创新发展需要

数字技术作为信息化时代的核心科技，它突破信息时空限制，推进数字化教育转型，契合了思想政治教育创新发展需要，使高校思想政治教育在理论与实践方面发生重大变革。加快数字技术与思想政治教育的融合运用，"将大数据引入思想政治教育研究为思想政治教育的学科发展注入了活力，加速了思想政治教育的系统化发

展步伐"①，使高校思想政治教育迎来了新的发展机遇。

一方面，数字技术运用推动思想政治教育数字化转型。2019年5月，习近平总书记在致国际人工智能与教育大会的贺信中指出："中国高度重视人工智能对教育的深刻影响，积极推动人工智能和教育深度融合，促进教育变革创新"②。党的二十大报告首次将"推进教育数字化"写进了报告，标志着其已成为党和国家的重要战略性目标。数字化转型已经成为鲜明的时代特征和全球的共同议题，教育前所未有地受到信息技术的深刻影响，正处于第四次革命，即教育数字化转型阶段。必须把握数字化转型下教育变革的危与机，主动超前布局、有力应对变局，加强国际交流合作，互学互鉴，加快数字化转型步伐，强化教育在中国式现代化建设新征程中的基础性、战略性支撑作用，为构建人类命运共同体贡献智慧和力量。数字化转型不仅要求实现数字技术与教育的深度融合，还要树立数字化意识和思维、培养数字化能力和方法、构建智慧教育发展新生态、形成数字治理体系和机制。

思想政治教育数字化转型是培育时代新人的必然选择，是思想政治教育创新的大势所趋，也是教育治理现代化的改革所需。数字技术是一种新的生产力，深刻地改变了人们的生活状态。"互联网把记录的颗粒度和细致程度推向了一个前所未有的高度，这是划时代的变化，它完全改变了人类数据世界的版图。"③ 同样，数字技术对思想政治教育的作用和影响也是深刻的。它能够引起思想政治教育的各要素及场域的变革，特别是在功能方面，通过数字技术的作用能够对教育理念、教育方式、教育生态等方面具有重新塑造的功

---

① 魏有兴等：《大数据与思想政治教育融合研究的进路与前瞻》，《河海大学学报》（哲学社会科学版）2020年第3期。
② 《习近平向国际人工智能与教育大会致贺信》，《人民日报》2019年5月17日第1版。
③ 涂子沛：《数文明：大数据如何重塑人类文明、商业形态和个人世界》，中信出版社2018年版，第35页。

能。通过"一切事物皆可量化"的大数据技术优势，深入发掘和扩展数据的深度和广度，推进与传统定量、定性分析方法的高度结合，使思想行为信息能够更高效地收集、整理和分析，可以更好地把握思想政治状况全貌，为开展好思想政治教育提供基本前提。

另一方面，数字技术运用与思想政治教育创新发展相契合。数字技术与思想政治教育相结合是思想政治教育创新发展的逻辑必然，有助于提高思想政治教育的治理效率，为思想政治教育治理提供现实依据。随着数字化时代的到来，传统的思想政治教育面临着吸引力不够、发展受限和有效性不足等问题。借助数字技术创新思想政治教育，有助于提高思想政治教育的效果。

高校思想政治教育创新发展需要数字化技术的运用与融合。习近平总书记指出："推动思想政治工作传统优势同信息技术高度融合，增强时代感和吸引力。"[1] 新时代思想政治教育的科学化发展需要数字化技术的支撑，"思想政治教育以立德树人、培育时代新人为己任，以开放、民主、互动、融合为发展方向，必须把理论抽象与生动实践贯通起来，使其内涵、领域得到丰富拓展，特色、水平得以增强提高。"[2] 数字技术能够推动思想政治教育的教育环境、教育方式和教育结构的创新，拓展思想政治教育的学科边界，特别是在思想政治教育与其他学科的交叉研究、建构思想政治教育新形态上具有重要催生作用。因此，推进数字技术与思想政治教育融合发展既能推进思想政治教育的数字化转型，也是推动思想政治教育创新发展的内在要求。

二 借助数字资源优势，拓展创新发展空间

高校思想政治教育的发展需要战略资源的支撑。高校思想政治

---

[1] 《习近平谈治国理政》（第二卷），外文出版社2017年版，第378页。
[2] 韩俊、金伟：《数字技术融合下思想政治教育智能转型探赜》，《思想教育研究》2022年第6期。

教育资源体系包括学习资源、管理资源、认知资源等。随着数字化技术的运用，高校思想政治教育在资源体系方面发生了根本性变化，通过技术性手段丰富了思想政治教育的信息资源，满足了思想政治教育对信息资源多元化的需求。思想政治教育数字化资源新体系的建构有助于拓展思想政治教育创新发展空间。

一是数字技术能够为思想政治教育提供丰富多样的学习资源。数字化技术拓展了思想政治教育学习资源，为满足受教育者对多元化教育资源的需求提供技术支撑。一方面，数字化技术是承载信息资源的重要载体，能够为思想政治教育提供全面精准的数字资源。与传统教育资源的载体不同，数字化技术能够克服碎片化的信息的弊端，通过发挥数字技术的作用把握各种信息资源的内在关系，建立体化的数字化教育资源体系。目前，有些工科院校运用数字技术建立聚合教学素材和资源，打造全方位、立体化的教学资源库。如开发红色资源数字化应用，有的高校将红色文化资源融入思想政治教育工作，把数字技术与红色文化结合起来，开发数字化的红色学习资源。

另一方面，数字化技术能够赋能思想政治教育数字化资源的多样化塑造。特别是通过建构教育公共服务平台，如 VR 教学、创客教室、智慧图书馆等媒体，使教学资源逐步实现教学手段科技化、教育传播信息化、教学方式现代化。如有些高校采用 VR 虚拟仿真技术，将红色文化资源通过数字技术呈现出来。这使思想政治教育资源的形式呈现多样化的特点，既有文本形态的数字化形态，也有视频、图片等不同形态的数字化资源。可以说，数字技术的运用使思想政治教育资源得以充分开发和展现，为思想政治教育提供丰富多样的资源形态，对于提高思想政治教育效果具有重要意义。

二是数字技术能够为思想政治教育提供多元的认知资源。数字技术赋能思想政治教育的认知功能主要体现在以下两个方面：一方面,数字技术能够为思想政治教育提供认知的"数据画像"。高校思想政治教育的根本目的是实现人的全面发展,而要促进人的发展首先要了解"现实人"的基本情况。因此,了解受教育者的情况是开展思想政治教育的前提和基础。对于传统思想政治教育而言,要全面科学地了解受教育者——学生的思想和行为的基本信息是比较困难的。在数字化时代,"大数据作为资源供给的特征之一便是'量大',它是基于现代信息技术的一切可以记录的全体数据"。[①]数字化技术的运用则通过其数据记录与整理的优势,全面、真实、有效地记录受教育者的思维和行为的基本信息。例如,在高校,大数据能够记录表达受教育者在出勤、成绩、消费、借阅、上网等方面的情况信息,在一定程度上反映受教育者在学习和生活中的真实状态,这就比较客观地展现了受教育者的行为和思想的状态。对于教育者而言,只要通过认真整合和分析这些数据,就能清晰地把握受教育者的现状与问题,提高思想政治教育的精准性和可靠性。

另一方面,数字化技术能够实现思想政治教育量化研究的范式转变。与传统思想政治教育研究范式不同,数字化思想政治教育兼顾理论研究与实证研究双重特性。从学科层面来看,思想政治教育在以前属于人文社科领域,传统思想政治教育研究大多是理论研究,但随着数字化技术的运用,思想政治教育的研究范式发生了转变。大数据思维将对思想政治教育研究具有重要影响。"所谓大数据思维,是指一种意识,认为公开的数据一旦处理得当就能为千百万人急需解决的问题提供答案。"[②] 在数字化时代,思想政治教育研究范式面临着从传统探究因果关系的质性研究范式,逐渐向质性研

---

① 张跃聪:《大数据时代高校思想政治工作者主体行为探究》,《思想教育研究》2014 年第 12 期。
② [英]维克托·迈尔－舍恩伯格、肯尼斯·库克耶:《大数据时代:生活、工作与思维的大变革》,盛杨燕、周涛译,浙江人民出版社 2013 年版,第 167 页。

究与量化研究相结合的相关关系研究范式转型,从而使思想政治教育在世界观、认识论和实践论层面都发生着新的变化。① 可以说,数字化技术为思想政治教育的量化研究提供基础。通过对数据的收集、分析和利用,把握思想政治教育主客体的思想和行为特征,形成了可量化的角度和属性,为思想政治教育的量化研究打开新的空间,并为形成具有可行性的措施方案提供有效支撑。

三是数字技术能够为思想政治教育提供管理资源。提高思想政治教育管理的科学化和有效性是数字化技术赋能思想政治教育的重要体现。数字化技术对于推进高校思想政治教育具有重要意义。首先,数字化技术能够为思想政治教育的科学决策提供事实依据。科学决策在高校思想政治教育管理方面具有重要地位,决定了思想政治教育发展的方向和目标。当然,科学决策的前提是建立在对事实分析的基础上的。如果没有充分的决策信息,就无法形成科学的决策。如前所述,数字技术实现思想政治教育量化研究的转向,特别是对受教育者在思想和行为方面的量化分析,找出思想政治教育过程中的突出问题,为有针对性地提出解决思想政治教育问题的决策提供事实依据。可以说,数字技术运用提高了思想政治教育决策管理的科学化水平。

其次,数字化技术能够提高思想政治教育的管理效率。传统思想政治教育管理由于缺少现代技术平台的支持,容易出现因管理信息把握不全,出现不合理的管理决策,造成教育管理低效的问题。目前,高校管理普遍采用了先进的网络技术,这对于采集和识别教育大数据具有重要作用。在数字化技术的帮助下,高校思想政治教育各要素、各环节的数据和信息被储存和分析,教育者能够实时把握教育主客体的需求信息,及时把握思想政治教育管理方面的动态

---

① 李怀杰:《现代思想政治教育大数据研究范式变革的逻辑理路与实践路径》,《学校党建与思想教育》2017 年第 1 期。

信息。通过分析这些数据能够找到高校思想政治教育管理与计划不相吻合之处，这些数据所呈现的信息与问题能够为进一步改善思想政治教育管理提供支撑。特别是在教育管理主体层面，可以通过建立大数据平台，把思想政治教育相关部门如学校党委、教务处、学生处等联动起来，从而形成结构化和非结构化的多元化的数据，为实现高校思想政治教育管理科学化提供了良好条件。

最后，数字化技术能够优化思想政治教育的评价机制。教育评估是高校思想政治教育的重要环节，是提高和改进思想政治教育有效性的有效抓手。评估机制是否科学直接影响着高校思想政治教育改革创新的效果？传统思想政治教育评估由于收集信息数据较难，缺少全面科学的数据支撑，评估效果的科学性有待提高。随着数字技术在思想政治教育的运用，通过数据平台能够收集大量的信息数据，并在分析数据的过程中做好信息反馈和评估。全面丰富的数据能够保证反馈的科学性和有效性，为提升思想政治教育管理的效度打下基础。总之，数字技术赋能能够有效提高思想政治教育科学化水平，契合了思想政治教育管理的创新发展。

三 推进数字技术赋能，激活创新发展活力

数字技术赋能能有效激活高校思想政治教育创新发展活力。数字技术运用于思想政治教育是全面的，涉及教育理念、教育过程、教育方法和教育途径等。随着数字化技术的运用，高校思想政治教育创新有了新的变化。它不但激发了思想政治教育各要素、各环节的效能，还有效拓展了思想政治教育创新发展空间。可以说，数字化运用对高校思想政治教育产生了系统化的变革。

一是数字化技术赋能思想政治教育的思维方式的改变。数字化技术给高校思想政治教育带来的最大的变化是思维方式的变化。这种变化表现为：首先，单线性的因果思维转变为非线性的"相关

性"思维。"传统的思想政治教育工作者,往往习惯于通过大学生的一言一行、一举一动找出其中的因果链,进而探究出其行为背后的思想根源。实践证明,仅仅依靠只言片语,很难准确判断其真实的思想倾向"。[①] 这是单线性因果思维在思想政治教育过程中的弊端。数字技术的应用改变了思想政治教育的思维方式,从非线性的"相关性"思维中找到规律和方法。通过数字技术对受教育者的行为、思想等相关的信息进行记录和识别,并对这些数据进行复杂的非线性的分析和思考,从中推理出受教育者的行为规律,体现了数字技术在思想政治教育中精准预测的特点和优势,从而有效地拓展了思想政治教育的思维方式。

其次,统一性向多样性思维理念的转变。传统思想政治教育一般采用静态的统一性的分析方法对受教育者进行分析研究,研究结果都是从总体上得出的"统一性"的整体样态,这就忽视了受教育者多元个性化的样态事实,也就难以形成对受教育者在思想和行为上客观把握。数字技术的运用能够消除这种静态统一性的研究弊端。数字技术能够使思想政治教育的研究视角由宏观走向微观,不仅研究受教育者整体性面貌,还能走进具体个体样本,更加强调研究个体的针对性。思想政治教育可以借助数字技术实现"以小见大"和"以大见小"相结合,把整体性研究和个案研究相结合,从而准确客观地把握受教育者的基本信息和问题,为解决思想政治教育过程中的问题提供精准性和有效性。

最后,由主体性向主体间性理念转变。在传统思想政治教育的场域中,教育者和受教育者形成了主客体关系,教育者由于掌握理论资源,在对话过程中处在主导位置,而受教育者则处在受教育的客体地位,这种互动一般采用的是"上对下教导"的方式,这样的

---

① 黄欣荣:《大数据对思想政治教育方法论的变革》,《江西财经大学学报》2015年第3期。

教育理念与方式往往使教育效果大打折扣。在数字化时代，受教育者与教育者在接触知识信息方面是同步的、开放的，数字化技术运用能够改变传统主客体教育的模式，使教育者与受教育者处于平等对话的场域，通过双主体的对话互动，进行思想理论"再生产"，加强主体间的情感共鸣。主体间性的理念是数字赋能思想政治教育的理念创新，能够有效地提高思想政治教育的效果。

二是数字技术赋能思想政治教育的模式创新。在思想政治教育过程中，数字技术赋能教育教学的各个环节，是促进思想政治教育提质增效的重要手段。总体来讲，数字技术赋能教育教学模式体现在以下三个方面：首先，数字技术赋能思想政治教育教学方式的创新。随着数字技术的运用，高校思想政治教育的教学方式发生了很大变化。"目前，互联网上有许多较为成熟的国内'慕课'平台，例如，以'范围广、影响大、效果好'著称的'易班'、以网络互动为特征的'云课堂'、以'免费、分享、合作'为主题的'酷学习'等，高校可以将通过大数据技术深加工的思想政治教育资源，搭载进入'慕课''易班''云课堂'，将学生喜闻乐见的、寓意深刻的，集思想性、教育性、时代性于一体的思想政治教育内容提供给学生，增强思想政治教育的濡染性。"[1] 在数字化时代，教学方式的改变是适应受教育者思维模式变化的要求，对于受教育者的认知程度和接受程度都有较大提升。

其次，数字技术赋能教育过程的创新。高校思想政治教育本质上是一个信息的传输与接受过程。"高校大学生思想政治教育的过程，是信息获取、选择、传播的过程，是用丰富、正确、生动的信息，影响、熏陶大学生的思想观念、价值观念和精神状态的过程。"[2]

---

[1] 何桂美：《大数据背景下创新高校思想政治教育方法略论》，《学校党建与思想教育》2019年第4期。

[2] 教育部社会科学研究与思想政治工作司组编：《思想政治教育方法论》，高等教育出版社1999年版，第60页。

在这一过程中，信息获取与选择是关键。不同的受教育者由于认知水平和关注点的不同，他们对信息的获取与选择也是不同的。思想政治教育要有实效性，就必须根据不同的受教育者采用有针对性的教育方式。数字技术运用能够记录受教育者行为数据，通过分析把握受教育者的思想"痕迹"，从而实现精准的施教方式。因此，在教育过程中，数字技术能够改变传统施教模式，因材施教，真正做到个性化教育。

最后，数字技术赋能教学内容的创新。借助数字化技术运用，高校思想政治教育在信息的采集和拓展层面有了质的变化。传统思想政治教育的信息获取能力有限，教育者与受教育者在获取信息资源方面局限在传统媒介，如报纸、图书、广播等方式。这种方式获得的信息资源内容比较有限，也影响了思想政治教育的效果。数字技术的运用，特别是大数据赋能高校思想政治教育实现了教育内容资源的丰富性和多样性。一方面，大数据平台如互联网、手机 App 应用和网络思政等各种数据库平台，为受教育者提供丰富的学习资源；另一方面，这些学习资源呈现出图片、视频、音频等多样化的资源形态。另外，教育者还可以通过大数据平台捕捉受教育者对信息的关注点，选取相应的学习资源从而提高教育教学针对性。

三是数字技术赋能教育载体与空间的拓展。一方面，数字技术赋能思想政治教育载体的创新。教育载体是高校思想政治教育的重要组成部分。传统思想政治教育载体在数字化时代的弊端日益凸显，缺乏创新性，受教者接受程度较低，逐渐表现出低效化状态。在数字化时代，高校思想政治教育出现了新的载体，如大数据。既有高校信息系统记录的关于受教育者的静态信息，也有运用数据网络记录的受教育者动态信息。特别是网络数据记录的大数据动态信息，它们在高校思想政治教育工作中发挥的作用越来越明显，如受教育者的日常表现信息，网络数据能够记录受教育者在校园的消费、图书借阅和学习成绩等方面的信息；记录受教育者通过社交网络所形成的"互动"信息，等等。这些动态信息成为思想政治教育发现和解决问题的重要依据。

另一方面，数字技术赋能教育空间的拓展。拓展教育空间是数字技术赋能高校思想政治教育的重要体现。传统思想政治教育的时空环境上是限定的，一般要求时空一致，限定在物理意义的"课堂"空间。这就限制了思想政治教育的时空环境。随着信息化社会的到来，特别是数字技术的运用，线上教育成为思想政治教育的重要方式。因此，高校思想政治教育由"在场"走向"在线"，教育者与受教育者可以实现"实时"互动。"大数据对个体、学校、课程、社会、网络以及国家层面进行收集与分析，对不同领域、不同行业、不同时间和空间的资源进行全面整合，打破了时空限制，推动了全球范围内的资源共享。"[1] 数字化技术为思想政治教育提供了无地域和时间限制的交流空间，还对这些互动信息进行记录，从而把握每个受教育者的思想和行为信息，为个性化教育提供丰富的知识信息。

第三节 数字化背景下高校思想政治教育创新面临的挑战

数字化时代赋予信息传播的多维性、多元性、开放性和迅捷性，既为高校思想政治教育创新提供了广阔的发展空间和创新视野，也给高校思想政治教育带来了新困境和挑战。

一 高校思想政治教育面临的思维挑战

随着数字技术的广泛运用，传统高校思想政治教育工作者面临

---

[1] 许正兴：《后现代教育导向下的高校智慧图书馆建设理念与服务途径探究》，《新世纪图书馆》2019年第9期。

着思维的挑战，数字思政的现代转型使高校思想政治工作中思维方式转变较为困难，具体表现为：一是教育主客体数字思维认识的不平衡性。"传统的思想政治教育模式过多关注的是教育知识与理论传授的单一目标，更多地关心学生的政治素质、政治倾向性和道德素养，忽视学生的主体性、创造性和情感需要，单向度地将学生置于抽象的观念世界，实行无差别的、同质的教育"。① 在数字化时代，青年学生在面对新事物时表现出较强的独立性和自主性，易于接受数字时代带来的新技术和思维方式。而思想政治教育工作者由于受到传统教育观念的束缚和影响，对数字化技术赋能思想政治教育功能表现出抗拒性，依然按照"经验思维"方式去认识和对待思想政治教育工作，因此，思想政治教育工作者与受教育者在数字技术认识上存在不平衡性，这种不平衡性将给高校思想政治教育工作带来困难，造成教育方式与接受方式的矛盾，影响思想政治教育的效果。

二是陷入"唯数据论"的思维困境。数字技术运用能够增强思想政治教育效果。然而，对数字技术的运用则应遵循思想政治教育的规律，特别是衡量思想政治教育工作的效果时，应该科学客观地看待数据，而不应该陷入"唯数据论"。"唯数据论"将数据看作衡量一切工作的标准，任何问题都应通过量化来解决。"认为抓住了数据就等于抓住了思想政治教育的一切。这些观点实际上把数据的重要性凌驾于育人的情感之上，过度追逐数据的功能性，往往忽略了教育者在思想政治教育中应该持有的情感温度。"② 这种思维过度信赖数据，忽视了教育主客体的情感因素，把数据与人的思想相等同，极力追求数据的功能与价值。此外，数字技术与高校思想政

---

① 常素芳：《背离到融合：新媒体时代下高校思想政治教育创新困境及消解》，《教育探索》2016 年第 5 期。

② 冯多、李大棚：《大数据驱动高校思想政治教育创新的活力、困境及进路》，《现代教育管理》2022 年第 7 期。

治教育的融合是一种新事物。在这一过程中，数据的形成是在算法技术基础上形成的，由于这些数据背后的算法推荐是既定的，这在很大程度上限制了思维空间。本质而言，这种"唯数据论"是一种僵化的思维方式，思想政治教育工作者容易陷入偏执和片面的泥沼。

三是数字技术对受教育者主体精神的消解。随着数字技术的广泛运用，受教育者将面临多元文化的冲击和影响。一般来讲，数字技术对受教育者精神消解体现在两方面：一是数字技术对受教育者主体精神的消解。"大数据背景下，在海量数据中，夹杂着不良文化的渗入，对大学生正确世界观、健康人生观、良好价值观的形成带来负面影响，导致其精神世界的异化愈演愈烈。"[①]一些互联网平台充斥着海量的不实信息，它们大都通过"嫁接""换脸"等技术合成而成。再加上碎片化、多元化的数据信息对于受教育者来说难以辨别真假，以至于在一个混乱的信息化场域中容易迷失自我，丧失理性思维和主体精神。二是数字技术对受教育者价值观的消解。多元文化的背后其实是不同价值观的呈现，面对多元价值观的冲击，势必给主流意识形态教育带来考验。特别是西方国家借助信息技术进行网络意识形态渗透，不断对青年学生价值观进行侵蚀和影响，给高校思想政治教育带来严峻的挑战。

二　高校思想政治教育面临的伦理困境

美国学者巴伯曾指出："科学像所有社会组织起来的活动一样，是一项精神事业。也就是说，科学不能仅被视为是一组技术性和理性操作，同时还必须被看作是一种献身于既定精神价值和受伦理标

---

① 刁生富等：《重估：大数据与人的生存》，电子工业出版社2018年版，第103页。

准约束的活动。"① 数字技术赋能高校思想政治教育能够丰富教育资源，创新教育方式，优化教育考核，有效地提高高校思想政治教育的效果。但是，数字技术的运用还处于探索时期，其在与思想政治教育融合发展的过程中也将面临个人隐私泄露、情感交流失位和价值认知固化等伦理风险。

一是教育对象个人隐私存在泄露风险。著名学者斯皮内洛指出："信息已经成为一种商品……这些变化可能对隐私构成了侵害。"② 数据呈现是数字技术赋能高校思想政治教育的重要体现。高校通过数字化平台收集受教育者个人信息数据，主要包括个人基本信息数据、学习情况数据、生活情况数据和其他相关数据等。例如，在高校，校园一卡通关联着学生的消费信息，包括上网时间、饮食消费等生活消费信息，还关联着学生图书阅览、体育锻炼等信息数据，这些信息资源有助于建构受教育者的"精准画像"，为教育者实施教育提供数据参考。然而，这些数据信息的使用并未得到信息主体的授权使用，特别是一些涉及信息主体的个人隐私。这些数据信息一旦泄露则容易被不法分子利用，对信息主体的个人安全构成威胁。另外，还存在一些因为数据产生标签化的问题，尽管这些行为大多是无意识的，但依然会引发道德问题。因此，个人隐私泄露是数字技术运用不可回避的伦理命题，要让数字技术运行更安全，更好地保护信息主体隐私需要相关部门予以重视。

二是教育主客体情感交流的缺位。高校思想政治教育不仅是教育主客体思想观念的交流过程，也是教育主客体的情感互动过程。传统思想政治教育以一种"在场"的方式进行思想沟通，而在这一过程中，情感融入对于思想政治教育的效果具有重要的作用。数字

---

① ［美］伯纳德·巴伯:《科学与社会秩序》，顾昕等译，生活·读书·新知三联书店 1991 年版，第 101 页。

② ［美］理查德·A. 斯皮内洛:《世纪道德：信息技术的伦理方面》，刘钢译，中央编译出版社 1999 年版，第 162 页。

化时代的到来，高校思想政治教育的方式发生了变化，教育主客体的在线交流成为主要交流方式。教育主客体之间主要通过数字符号的中介进行互动，这种交流把双方置于一种规范的虚拟场域当中，双方都无法感受到对方真实的感受。"体验思想政治教育的人文精神只能借助冰冷的数据交易来呈现。"[①] 如果思想政治教育过程中缺乏情感的交流，则会导致主客体之间在认识上的偏差，也会影响思想政治教育的效果。因此，数字技术赋能思想政治教育应该警惕"情感缺位"。

三是价值理性与技术理性的矛盾。从根本上说，思想政治教育是做人的工作。习近平总书记在全国高校思想政治工作会议上强调，"高校思想政治工作关系高校培养什么样的人、如何培养人以及为谁培养人这个根本问题。"要以"人的全面发展"为目标，坚持把立德树人作为中心环节，加强与改进大学生思想政治教育。这从根本上强调了思想政治教育坚持以人为本的价值导向，思想政治教育的各个要素和环节都要围绕这一价值导向展开。数字技术运用更加强调算法的优势，通过数理逻辑呈现思想政治教育过程中的数据信息，并通过对数据的分析得出理性结果。这是数字技术运用于思想政治教育过程中展现的工具理性思维。思想政治教育存在以人为本的价值理性和以技术主导的工具理性。在技术主导下的育人实践过度强调技术运用的科学性，容易陷入工具理性的窠臼，从而忽视现实中人的真实需求，最终导致高校思想政治教育脱实向虚，走向技术异化的后果。

三　高校思想政治教育面临的技术障碍

当前，数字化技术与高校思想政治教育的融合发展还处于探索

[①] 胡华:《智能思政：思想政治教育与人工智能的时代融合》，《思想教育研究》2022 年第 1 期。

阶段。由于思想政治教育工作者的数字意识不强，对数字技术的认知以及数字技术与思想政治教育的关系等方面的认识还存在不足，特别是高校思想政治教育还面临着诸多技术障碍，严重影响着思想政治教育效果。一是高校思想政治教育与数字技术的衔接技术存在困难。高校思想政治教育与数字技术融合是一个非常复杂的工程，它涉及教育学、心理学、网络技术等多个领域的运用，既有思想政治教育的理论分析和价值判断，也有数字大数据的技术运用。目前，高校思想政治教育在数字技术的运用方面还处在比较浅显的层面。这就给高校思想政治教育与数字技术融合带来了挑战，特别是在衔接技术层面存在诸多技术性难题。如一些结构性数据的处理问题，由于数字技术处理后的结果分析与数据本身赋予的含义不符；对数据的分析和挖掘技术还不成熟，对数据信息的提炼能力略显滞后；数字技术运用不够熟练，在数字技术的选择和运用上能力不足，等等，这些技术性问题都将影响高校思想政治教育与数字技术的融合发展，因此，探索科学的思想政治教育与数字技术的运用模式就显得格外重要。

二是思想政治教育工作者对数字技术认识和操作存在困难。数字技术运用对于思想政治工作者来讲还是一个崭新的命题，因而在数字技术的认识和操作层面还存在很多不足。一方面，由于高校思想政治工作者对数字技术认知较少，特别是缺乏相应的学科知识储备，在传统教育观念的影响下，高校思想政治教育工作者忽视了自身对信息素养的培养，缺乏数字意识，也不太擅长运用数字技术对各种信息的处理和分析。因而思想政治教育工作者在信息素养和数字思维等方面较弱。另一方面，思想政治教育工作者在技术操作层面存在不足。具体来讲，思想政治教育工作者在运用数字技术进行数据收集、分析和管理方面都存在一些困难。如运用数字技术进行数据分析方面，"当前，学校内部各业务部门都设计了相应的应用、数据信息系统，但同时也产生了高校各业务部门获取的信息存在着表述不一致、信息不完整、内容不规范的问题"，[①] 同时，思想政治教育工作者对数字技术在数据挖掘和数据集成化分析等方面能力不足，因而在数据分析方面还存在很大困难。总的来讲，数字技术运用本身对专业性要求较高，技术运用的任何环节都可能会因为操作失误导致结果失真。作为非专业的高校思想政治教育工作者在数字技术的认知和操作方面都存在许多不足，这就给数字技术赋能高校思想政治教育带来了很多困难。

　　三是数字技术自身存在的技术漏洞与不足。如前所述，数字技术赋能高校思想政治教育还处于探索阶段，而且数字技术的运用本身也还存在漏洞和不足。一方面，高校思想政治教育数字化转型的技术更新较慢。随着数字化时代的到来，数字技术产品更新换代较快，特别是在数字技术的硬件建设方面，目前很多高校在信息数据库的基础设施建设方面比较缓慢，甚至有些高校还未建立起统一的数据库中心，也未形成统一的信息处理标准和模式，数字技术与平台严重落后于数字化时代要求，未能对高校思想政治教育工作形成技术支撑，这就需要不断更新数字技术设备。另一方面，高校思想政治教育数字运用还存在技术性不足。数字技术本身也还存在一些不足，如数字技术稳定性问题、安全性问题、与思想政治教育契合度问题，等等。在思想政治教育过程中，技术赋能存在两者之间契合度问题，目前，这种技术融合与教育效果还需要实践不断去验证。另外，还有一些潜在的技术安全需要评估，等等。

四　高校思想政治教育面临的运用难题

　　高校思想政治教育的数字化转型是思想政治教育工作创新的必

[①] 辛宝忠、于钦明、姚凤桢：《运用大数据创新高校思想政治教育工作路径探究》，《思想理论教育导刊》2019 年第 8 期。

然要求。伴随着大数据、云计算、人工智能在思想政治教育领域的运用，"云上思政""智慧思政""数字思政"成为思想政治教育改革创新的重要趋向。习近平总书记在全国高校思想政治工作会议上指出："做好高校思想政治工作要因事而化、因时而进、因势而新。"目前，全国正掀起一股运用现代数字技术提升思想政治教育的改革浪潮。但是，在数字技术赋能思想政治教育过程中依然存在建而不用、运用率较低以及运用能力不足等难题。

一是数字技术平台建而不用的问题。随着数字化转型成为近年来高等教育高质量发展的重要趋势，各大高校也为此投入资金建立大数据共享平台，支撑高等教育的数字化发展。但是由于不同学科领域的教育工作者对数字技术运用的认知水平和能力不同，出现一些高校建而不用的问题。如思想政治教育工作领域，教育工作者对数字技术运用认识不深刻，对数字技术存在不会用、不想用的情况，把思想政治教育数字化等同于运用互联网开展思想政治教育过程。因而难以推进思想政治教育数字化进程。

二是数字技术运用率较低的问题。数字技术赋能高校思想政治教育的关键在于数字技术的运用水平与范围。"囿于核心技术、资金、政策和基础设施等方面的局限，大数据时代的高校思想政治教育正面临数据资源'私有化''碎片化'和'分散化'等问题。"[①]这些问题直接影响着数字技术运用于高校思想政治教育的程度。高校思想政治教育涉及高校的各个部门，由于这些部门的信息资源是"私有化"的，因而如何协调各部门的关系、整合各部门的数据信息成为思想政治教育工作的难题，而且数字化时代数据信息的"碎片化"，使高校思想政治教育资源出现"信息孤岛"现象，这在很大程度上增加了思想政治教育工作者解读数据信息的难度，因而也

---

① 陈坤、李佳：《大数据时代背景下高校思想政治教育创新研究》，《思想政治教育研究》2021年第1期。

消解了数字化技术运用于高校思想政治教育的效果，不利于思想政治教育的数字化转型。

三是数字技术运用能力不足的问题。思想政治教育工作者数字技术的运用能力是实现思想政治教育的数字化转型的重要保障。总体来讲，高校思想政治教育工作者的数字技术运用能力比较有限，不擅长于运用数字技术进行信息数据的挖掘、采集和运用，因而也不可能真正做到将数字技术完美地运用于创新思想政治教育的内容、方式和方法。大部分思想政治教育工作者更愿意采用信息化的教育方式，那么数字化技术所具有的科学性、精准性、生动性的特点优势就无法在思想政治教育过程中体现出来，也就无法跳出传统的思想政治教育的范式，影响了思想政治教育的数字化转型。

总之，数字技术对于高校思想政治教育来说是一把双刃剑。针对中国教育数字化的发展趋势，推进数字技术与思想政治教育融合互构必然是新的发展方向，这从根本上涉及思想政治教育的思维理念、教育模式、话语建构、载体创新以及运用实践等方面的数字化改造，以增强高校思想政治教育的吸引力，从而提高高校思想政治教育的效果。

第 二 章

数字化时代高校思想政治教育理念创新

第一节 高校思想政治教育理念创新的现实审视

当前，数字化产业的迅速发展和信息化技术的广泛应用，打破传统观念的束缚、激发创新思维、推动价值观的演进、创造开放的创新环境，数字化时代为理念创新提供了更广阔的平台和机遇。"创新，是高校学生思想政治教育葆有勃发生机的动力源泉，高校学生思想政治教育要在实践中真正表现出主动性、针对性、实效性和时代感，必须坚持创新。"① 思想政治教育理念作为思想政治教育本质的理性反映和发展指引，内在蕴涵于并指导着思想政治教育实践，需适应时代变化和意识形态发展要求转换形态，以发挥规定和引领思想政治教育实践活动的作用。

一 高校思想政治教育的传统理念及现实困境

思想政治教育理念是对思想政治教育"是什么"以及"应当是什么"基本问题的根本性追问与回答，融合着一定时代人们理解

---

① 沈壮海：《思想政治教育应在破除旧观念中创新》，《中国高等教育》2003 年第 21 期。

和开展思想政治教育理论实践的思想核心与精神原则，它观念化为本质表征、逻辑化为思维范式、具体化为现实指向、价值化为理想原则。① 换言之，思想政治教育理念贯穿思想政治教育理论实践始终，是对思想政治教育本质和特征、地位和功能、过程和规律、原则和方法等基本问题的追求与回答，旨在回应和指导思想政治教育理论实践的现实问题，具有理论阐释性、行为规范性和应用具体性。随着社会不断发展，现代大学生生活在数字化和科技化的时代，对于网络和科技工具运用娴熟，且善于利用互联网获取信息、进行学习和社交互动，具有更强的自主性和独立性，对于知识的追求不局限于学业成绩，还包括广泛的兴趣爱好、社会实践和自我提升。这些新特点反映出在时代发展和社会变迁背景下，大学生展现更多元、开放的特质。技术、经济、社会等领域日新月异，高校应及时调整教育理念、与时俱进。思想政治教育作为高校教育的重要一环，对于培养学生政治素养、社会责任感和价值观具有重要意义。然而，高校思想政治教育存在教育内容单一、缺乏互动参与、脱离社会现实等问题。具体表现为：一方面，过于注重理论知识和政治宣传，忽视学生批判思维、独立思考能力的培养，学生看似被灌输许多知识，但难以形成自己的观点，仍不具备对社会问题深入思考的能力；另一方面，一些教育内容过于理论化和抽象化，与学生现实生活或社会实践相脱节，使其在受教育过程中感到无所适从且难以接受。随着教育理念的发展和社会变革，学生主体性、创造力培养、综合素质发展等新理念越来越受到重视。新的时代条件下，教育对象呈现出新的特质，高校思想政治教育传统理念和时代不断变迁之间呈现出"变"与"不变"的状态，意味着部分思想政治教育传统理念无法契合新变化。

---

① 钟启东：《思想政治教育理念内涵论析》，《思想教育研究》2015年第12期。

（一）偏向知识灌输，忽视能力培养

知识灌输是教育者向教育对象传递所需的知识内容，使其具备必要理论基础的核心方式。苏霍姆林斯基认为："知识，既是目的，也是手段。"[①] 在数字化时代，教育对象获取知识的渠道更加多元和便捷，教育者与教育对象之间的"信息差"逐渐缩小。例如受教育者可以通过搜索引擎轻松地查找到大量的学术论文、专业知识、教育资源、新闻资讯和在线课程等，如 Coursera、中国大学 MOOC、超星等在线学习平台，提供了众多的在线课程和学习资源。通过这些平台，教育对象可以随时随地地选择自己感兴趣的课程并进行学习，无须受限于时间和地点。社交媒体和在线社区提供分享和交流知识的平台，在这些平台上关注专业人士、参与讨论、加入兴趣群组，从中获取新知识、观点和经验。知识灌输与能力培养是相互关联的，知识是培养能力的基础和前提，而能力在知识的应用和实践中得以发展和提升。能力培养注重发展人们的实践能力、创新能力和解决问题的能力。传统思想政治教育理念更倾向于知识灌输为主，在一定程度上忽视了教育对象的能力培养。主要表现为以下几方面：

第一，教学内容重点在于传授理论知识。教师将大部分时间用于向学生传授理论知识，例如党的理论、国家法律法规和政治经济学等。教学重点是让学生掌握这些知识，而较少涉及学生批判性思维和实践能力的培养。第二，考核方式偏重记忆和背诵。教育体系通过考试、测试等形式来评估学生的学习成果。考核过于强调信息的记忆和背诵，而忽略了对学生思考和分析问题的能力的评估。第三，学生参与度低。在课堂上，学生可能只是被动地接受知识，缺乏真正参与和思考的机会。他们可能没有足够的机会发表自己的观

[①] ［苏］瓦·阿·苏霍姆林斯基：《给教师的建议》，杜殿坤编译，教育科学出版社 1984 年版，第 22 页。

点、提出疑问或进行讨论。这种情况下，思想政治教育无法激发学生的思考。第四，教育环境缺乏实践机会。实践是培养能力的关键环节，它能促使学生更好地理解和应用所学知识，并提升他们的实践能力。如果思想政治教育只注重课堂理论知识的灌输，而不创造将知识应用到实际中的机会，受教育者很难将所学的知识与实践相结合。

（二）强调群体管理，忽视个性发展

自1977年恢复高考制度开始，高校扩招的趋势逐渐形成，并逐步得到实施和推广。1999年提出高等学校"大规模扩招、宽进严管、提高质量、保障公平"的原则，进一步扩大了高校招生规模。2003年，中国决定从2005年开始实施高等教育大众化计划，到2021年，高等教育毛入学率达到49.2%。高校学生规模日益扩大，为了提高教学效率和规模经济，采用群体管理的方式能够更好地组织、安排和管理学生的学习活动。通过统一课程设置、集中授课和集中考核等方式，高校可以更高效地完成教学任务。高校面临各种潜在的管理和控制风险，如违规行为、学生纪律问题等。通过群体管理，高校可以更好地监督和管理学生行为，降低各类风险的发生概率，并对群体中的学生进行集中指导和管理。思想政治教育作为高校教育中的重要组成部分，具备传达一定的教育目标和价值观以培养具有良好思想道德素质的人才的重要功能。

课堂是高校思想政治教育的主渠道。实际上，由于思想政治理论课具有理论性强、综合性强、实践性强和教育性强等特点，涉及政治理论、社会思潮、历史发展、社会制度、价值观念等方方面面的知识，同时也强调学生对现实社会问题的认识和解决能力的培养。因此，授课班级规模过大并不利于促进师生之间的思想碰撞和学术交流，难以提高学生深入思考和分析的能力。过于注重统一的教学目标和标准，强调学生在某些方面的一致性，而忽视了学生的个人兴趣、能力和发展需求，限制学生个性发展的空间，导致他们无法充分发挥自己独特的优势和潜力。过度强调群体表现和竞争，对学生施加过高的群体压力，也使一些学生感到焦虑和压力，难以在学习中找到自己的独特兴趣和方向，影响他们的个性发展。因此，高校群体管理促进学生之间的交流与合作，激发学生的学习动力和竞争意识，但在一定程度上限制了学生个性化发展，忽略了学生的多样性和独特性，容易导致他们无法充分发挥个人潜力和创造力。

（三）追求学术成绩，忽视应用能力

高校思想政治教育在课程内容、教学方式、考核方式、教育目标以及实践环节等方面存在追求学术成绩、忽视学生实际应用能力培养的问题，在一定程度上影响思想政治教育的实效性。第一，考试形式和内容具有局限性。在传统的高校思想政治教育中，常常以笔试、论文写作等形式进行考核，这种形式更强调学生对理论知识的掌握和书本知识的记忆，而较少涉及实际应用和解决问题的能力。第二，教育目标设置不够全面。在当今信息爆炸的时代，学生需要具备辨别信息真伪、正确理解和评估各种观点的能力，以便形成自己独立、客观的判断。思想政治教育肩负着培养学生具备辨别、分析和评估信息能力的任务。然而，高校思想政治教育往往更注重学生对理论知识和学科基础的掌握，以培养具备扎实学术功底的人才为主要目标，忽视了应用能力的培养，这使教师在教学中更多地关注学科知识的传授，而较少涉及实际应用的训练。第三，缺乏实践环节和案例研究。实践是培养学生应用能力的重要途径，通过实际操作和实践经验，可以更好地培养学生解决问题和应对挑战的能力。然而，高校思想政治教育往往偏重理论知识的传授，缺乏实践环节和案例研究的设置，忽视学生对实际问题进行分析和解决的能力培养，使学生难以将所学知识应用于实际生活和工作中。第四，缺乏与行业和社会的联系。高校思想政治教育与行业和社会的联系较为薄弱，往往以课堂讲授和书本知识为主，缺乏实践操作和应用场景的训练。这导致学生在学习过程中难以将所学知识与实际工作、社会实践相结合，限制其应用能力的培养。

二 智能化信息技术与思想政治教育理念创新

"思想政治教育理念创新是思想政治教育学科建设、理论深化和实践发展的思想引擎与精神指引。"[①] 数字化时代，信息和通信技术成为社会生活和经济运作的核心支撑，不同类型的数据、信息、媒体或资源被转化为二进制编码，以便在数字环境中存储、传输、处理和操作。传统的物理形态、过程或信息转化为数字形式，利用人工智能、机器学习、大数据、云计算、物联网等技术，使信息系统和应用具备智能化能力，这种智能化信息技术致力于将人类的智慧与计算机的强大计算能力相结合，实现对信息的智能处理、分析和利用。在科技和通信技术的快速发展下，信息在社会各个领域的获取、传播和利用变得更加普遍和便捷，思想政治教育从目标、内容、方法等维度不断转型，促使思想政治教育理念发生深刻变革，重新审视和回答思想政治教育"是什么""应当是什么"等基本问题成为新的时代课题。

（一）加快转变思想政治教育传统理念

智慧教育的核心是以人为本，最大化激发教育参与者潜能，旨在培养出专业能力强、技术素养好和品德高尚的人才。智慧教育的核心理念与思想政治教育的目标高度契合。然而，在传统思想政治教育过程中，思想政治教育被定义为在教室引导学生树立正确的理想信念、价值理念和道德观念，对第一课堂和第二课堂的依赖性较

---

① 钟启东：《思想政治教育理念内涵论析》，《思想教育研究》2015年第12期。

高，往往带有强烈的"灌输""说教"色彩，长期未能摆脱"严肃""无聊""刻板"的形象。以人工智能为核心的智能化信息技术在教育领域的广泛运用，打破了过去主要依靠传统媒介和传统手段实现思想政治教育功能的限制，引发了思想政治教育者关于教育方法、教育规律、教育本质等问题的新思考，推动思想政治教育理念的革新。

第一，智能化信息技术改变了教育方式。在数字化时代，智能化信息技术使教育者可以通过智能手机、智能家居设备等，随时随地获取信息、交流和控制设备，也可以通过社交媒体、视频分享平台等与他人分享自己的观点、经验和创作，使获取和共享信息更加便捷和广泛。对于受教育者而言，互联网和数字技术能够为受教育者提供海量的、无限的学习资源，不再受时间和空间的限制，学习者可以根据自己的学习进度、能力水平和兴趣爱好选择学习内容。在线学习平台、远程教育、个性化学习等创新形式的出现，为教育对象提供了更丰富的学习资源和更为灵活的学习方式。对于教育者而言，智能化信息技术也为教育者提供了更多的教学工具和方法，教育者可以通过搜索引擎、社交媒体等轻松地获取各种知识和新闻，信息的扩展和共享，促进多样性、多元化思想的碰撞与交流，促进了教育的个性化和优化。但是，这种变革也意味着当前的教育对象与过去的教育对象具有完全不同的特性，信息化时代打破了地域限制，受教育者可以通过网络平台和社交媒体，与其他学生、教师和专家共享知识、讨论问题，甚至参与跨国合作项目。因此，教育者不仅要通过将新技术熟练运用到教育实践中的考验，还要自觉满足教育对象对于教育者的新期待与高要求。

第二，教育方式的变化加速推进教育思维变革。智能化信息技术使教育者及教育对象逐渐习惯于从搜索引擎中寻找答案，而不再依赖传统的记忆和思考，为教育者提供了更多的信息来源和视角，使其能够更加开放和包容地思考问题。一是智能化信息技术使教育者随时随地获取所需信息和服务成为现实，从而培养了一种即时满足的思维方式，推动教育者更加专注于效率和便利。二是智能化生活方式产生和存储大量可以用于分析和决策的数据，教育者更加注重数据的收集、分析和应用，开始倾向于依靠数据算法等数据驱动的思维方式做出决策，而不再仅仅是凭借直觉或经验。三是智能化信息技术能够提供更多自我提升的机会，通过在线学习平台、智能化教育工具等，教育者可以根据个性化需求自主选择学习内容，促使教育者更加注重自我教育和技能提升。四是以人工智能为核心的新科技革命，不断带来新技术和新应用，要适应这种变化就需要具备创新性思维，在这种环境下教育者开始更加重视创新性和灵活性。总的来说，智能化信息技术对思维方式产生了深远影响。在教育领域，它改变了教育者的期望、需求和行为模式，培养了一种更加便利、数据驱动、自主学习和互动创新的教育思维。

第三，促进"单向灌输"向"双向互动"的转变。智能信息技术的出现和发展，促进了教育理念从"单向灌输"向"双向互动"的转变。这种转变使学生更加主动地参与到教育中来，个性化学习得以实现，互动式教学得以普及，学生的学习效果得到提高。其一，智能信息技术能够帮助教育者快速掌握教育对象的兴趣和能力，使教育者可以据此定制学习计划和内容，从而实现教育的个性化。受教育者不再是被动地接受灌输，而是能够真正参与到教育中来；其二，智能信息技术可以提供各种互动式教育工具，例如虚拟实验室、交互式课件等，使教育更具趣味性和吸引力，这种互动式教学吸引教育对象积极参与的同时，还能够提高教育的实效性；其三，智能信息技术可以提供智能化评估工具、智能化教育质量评价等智能化服务，使教育评估和教育评价更为客观与准确，在帮助教育者更高效、快捷地了解教育对象的需求的同时，也给教育对象提供了表达自身诉求的渠道，促推"灌输式""填鸭式"教育向"互动式""个性化"教育理念的转变。

（二）深化以人为本的智慧教育理念

"智慧教育是数字时代的教育新形态。"[1] 智慧教育理念是将教育对象置于学习过程的中心，注重个性化、探究性、协作性和实践性的教育思想，主张以现代信息技术、人工智能等智能化手段为支撑，将个人的最优目标和社会发展的最优目标结合起来，旨在通过智能化手段提高教育效率和质量，培养教育对象的创新思维能力和综合素养，实现微观层面的个人发展与宏观层面的社会发展全面高度统一。[2] 智能化信息技术的快速发展和广泛运用，有助于实现大数据支撑、集体研判、区域协同的智能联动系统，为思想政治教育提供个性化推荐、丰富化资源、自主性学习等方面的帮助，找准思想政治教育契合点，及时回应教育对象的现实困惑，逐渐走出抽象化、固定化、公式化的僵局，实现以人为本的智慧思政理念。

一方面，从教育对象角度而言。智能化信息技术的快速发展与广泛运用，既能推动教育者面向未来智能社会需要展开人才培养活动，又能够帮助教育者准确把握教育对象的个性化诉求，有助于深化以学习者为中心的智慧教育理念。一是智能化信息技术促进受教育者博专相济。依靠智能信息技术构建的智慧平台，能够为受教育者释放各类线上线下教学资源，提供更具多元化、个性化、全面化的内容，为培养兼备知识素养和创新能力的复合型人才提供路径。二是智能化信息技术凸显受教育者的自主性。智能化信息技术在思想政治教育领域的运用，极大地拓展了教育渠道、精准地定位了受教育者的特质，将打破思想政治教育对象依赖第一课堂获取知识的

---

[1] 李永智：《智慧教育是数字时代的教育新形态》，《中国高等教育》2023年第Z3期。

[2] 中国教育科学研究院：《中国智慧教育发展报告（2022）：迈向智慧教育的中国教育数字化转型》，教育科学出版社2023年版，第15—20页。

传统路径，推动教育者由知识灌输向方法指导转变，教育对象从被动接受逐渐转向主动参与。三是智能化信息技术激发教育对象的个性。在思想政治教育过程中，教育对象不应是教育活动的被动参与者，而应是基于满足自身兴趣和解答现实困惑进行教育选择的主动者。人工智能、智能算法、数据化分析等智能化技术手段，帮助教育者充分掌握教育对象的个性化需求，促使教育实施过程充分激发教育对象的个性，让思想政治教育活动从标准化逐步过渡到以学习者为中心的智能化教育。

另一方面，从教育者角度而言。智能化信息技术能够为教育者提供多样化资源、个性化反馈、互动性环境等帮助，助力教育者在实现学术能力和教学能力增强的同时，深化以人为本的智慧教育理念。一是资源赋能。智慧化信息技术可以通过数据分析和学习算法，为教育者提供关于教育对象学习情况的个性化反馈。教育者能够依据这些信息及时调整教学内容、教学方式等。依托智能化信息技术的在线课程、数字化图书、教学视频等丰富多样的教育资源，能够帮助教育者设计多样化教学内容，最大限度地满足教育对象的多样化学习需求，切实有效地实现思想政治教育目的。二是学术赋能。大数据和人工智能等技术的发展和运用，能增强思想政治教育教育者获取新信息和新知识的实效性，拓宽学术研究者进行学术创新的渠道和方法，增大思想政治教育学科交叉融合与国际化合作的可能性，为思想政治教育学科的研究者提供各种支持和帮助。同时，这为教育者的学术发展带来新机遇，也为学术研究反哺教学工作提供更多可能。三是精准发力。数字化时代，智能设备通过在线学习平台、移动应用程序、智能助手、虚拟现实（VR）技术、社交媒体等多种方式代替了教育者绝大多数知识传播的任务。在前沿技术的帮助下，教育者能够突破工作量的限制，深入分析已掌握的教育信息，对教育对象构建全面、精准、多维的"画像"，根据教育对象个性特征、行为表现等，全过程和全方位地开展学情教情分析，挖掘每个教育对象的需求，立足教育对象的现实需求精准定位思想政治教育的着力点，实现对人才培养的智慧化教育。四是立体浸润。智能化信息技术在提供各种互动式学习平台和工具以外，还能够帮助教育者设计更加具有互动性的教育环境，通过在线讨论、虚拟实验等方式，增强思想政治教育的实效性。同时，智能化信息技术具有整合先进的技术手段和教育资源的强大功能，基于现代信息技术和智慧教育理念的教育场景，有助于为教育者提供教辅工具和数据支持，为教育对象提供全方位的、多元化的体验。例如，利用 VR 技术、AR 技术、全息投影技术，让教育者通过视觉、听觉、触觉等多种感官"参与"红军穿越雪山和过草地时所遭遇的困境，再解析这些困境背后的原因，更能打动人、吸引人。

（三）重塑思想政治教育主体关系

思想政治教育理念必须从抽象的观念形态现实化为具体的理论形态，为思想政治教育现实运动提供总体指向和整体规定。在思想政治教育的具体实践中，教育者与教育对象间的主体关系决定了思想政治教育实践活动何以开展，是教育实践过程中最基本的关系。较长时间以来，教育者与教育对象间的关系被视为一种权威和尊重的关系。然而，智能化信息技术在教育领域的广泛应用，打破了受教育者依赖单一方式和渠道学习的局面，推动教育者与教育对象之间呈现出更加平等和合作的关系模式，反映了思想政治教育理念的变迁。

第一，教育者权威性被削弱。杰士国际大学的创始人嘉格伦认为，技术革命最令人吃惊的后果是其对那些专家们的权威构成挑战，因为它能够冲破任何人为设置的束缚。[1] 以往的思想政治教育

---

[1] [美]嘉格伦：《网络教育——21世纪的教育革命》，万小器、程文浩译，高等教育出版社 2000 年版，第 113 页。

环境中，秉承"师道尊严""尊师重道"等传统教育观念，教育者与教育对象之间存在明确的角色分工，教育者负责教导，教育对象则负责听从师者的指导，师生关系更加注重和强调权威。在传统师生关系中，教育者拥有知识和经验，在师生关系中扮演引导者、教诲者的角色，被视为权威的代表。教育对象则被要求遵守师者的指导和教诲，听从师者的方法获取知识、提升能力，完全尊重他们的权威并以师者的期望为准则。随着智能化信息技术对教育形态的革新，传统教育理念、师生关系发生改变。教育者不再是教育对象获取信息、学习知识的唯一来源，智能化信息技术为学习者创造出打破场域、时域等限制的学习场景，教育对象不再被当作只能"洗耳恭听""悉听尊便"的被动接受者，教育的权威资源得到重新配置，教育者的传统权威逐渐被削弱。在新的教育环境中，师生关系呈现出平等、合作、互动等更加注重学生主体性和参与度的模式，教育者更多地扮演着引导者的角色。

第二，教育对象成为自主探索者。智能化时代，信息的爆炸式增长和快速更新，拓宽了教育对象获取知识的途径，打破了教育者建立在知识垄断上的权威。教育对象完全能够绕过教育者获取信息，甚至获取信息的速度和数量要先于或多于教育者，促使教育者从知识的"传授者"转变为知识的"指导者"，教育对象在技术加持下从"接收者"转变为"探索者"。在思想政治教育实践中，智能时代学习环境的开放性打破了知识自上而下的传递方式，技术支持下的海量资源使教育内容更加丰富，教育渠道更加多元，颠覆了教育对象在传统师生关系中所扮演的"被动者"角色，教育对象能够自主选择在什么时间、在什么地点、用什么方法来认识世界。在智能化信息技术的加持下，教育对象拥有了自主探索的条件与自由，开始从"被动学习者"转变为"主动探索者"。

第三，主体关系呈现协同化趋势。教育者与教育对象是思想政治教育主体，随着智能化信息技术的发展以及在教育领域的应用，教育者传授知识、教育对象接纳知识的传统师生关系仍然存在。但是，随着数字网络技术的发展，虚拟学习场域的出现使教育主体不再受现实物理空间的限制，两者之间的关系更加灵活。随着越来越多"数字原住民"时代的孩子的成长，他们在搜索信息、运用新技术、数字化思维等方面的表现甚至超过了教育者，在这种背景下，如何使教育对象获取知识不再是困扰教育者的难题，这也意味着教师作为主要传播者的角色逐渐被动摇，教育者与教育对象的关系由传统的在课堂上"传授—接收"的一元化模式逐渐呈现协同化趋势。智能信息技术助推教育者不再只是"判决者"，而是引导教育对象展开网络化学习的协同伙伴，是聚焦时代热点、探究前沿问题、明晰社会现状的动力激发者。同时，教育者和教育对象的关系地位在信息对称、知识供给、诉求表达等方面被技术工具拉近与拉平，削弱了师生关系间刻板的"等级观"，引导思想政治教育主体间的关系走向和谐共生。

第二节 高校思想政治教育数字化理念的多维要求

数字化时代高校思想政治教育面临着新的机遇与挑战，主要表现为数字化促使高校思想政治教育环境日趋复杂，教育对象的世界观、人生观、价值观受到重大影响，为高校思想政治教育带来严峻挑战。同时，由于数字化技术在信息收集、数字分析、内容传播等方面带来重大变革，意味着在给高校思想政治教育带来挑战的同时，也创造了新的机遇。数字时代各种新技术、新应用、新业态来袭，高校思想政治教育面对的不确定性成倍增加，如何充分发挥数字化技术的积极影响，消解其可能产生的负面影响？这就要求高校思想政治教育需要树立以信息化、个性化、迭代化、数据化为核心的数字化理念，适应新的社会背景和教育需求，为加强数字化时代高校思想政治教育的路径选择提供依据。高校思想政治教育通过数字化理念，可以更好地利用数字技术突破思想政治教育中存在的现实困境，推动高校思想政治教育向信息化、智能化发展。

一 信息化：科技发展与人文关怀相统一

"世界正在进入以信息产业为主导的经济发展时期。我们要把握数字化、网络化、智能化融合发展的契机，以信息化、智能化为杠杆培育新动能。"[①] 2023年全国教育工作会议提出"纵深推进教育数字化战略行动"。2023年2月，超过130个国家和地区的代表参加的世界数字教育大会在北京开幕，大会以"数字变革与教育未来"为主题。教育数字化随着数字化技术的发展，逐渐成为开辟教育新赛道和塑造教育发展新优势的重要突破口。数字化理念是指将传统业务、服务和流程转变为数字形式，增强效率、提升创新能力。在高校思想政治教育领域中，数字化理念的核心目标是通过数字化转型增强高校思想政治教育的效果，旨在立德树人。一方面，创新高校思想政治教育数字化理念依赖于技术的进步和突破；另一方面，科技本身是人类的意志转移，科技进步终究是为了人文关怀，而人文关怀使科技更具意义。因此，创新思想政治教育数字化理念需要科技发展与人文关怀兼容。

首先，科技发展提供了数字化转型所需的技术手段和支持。一是科技发展提供了数字化教育平台的基础设施。通过互联网、移动设备等技术手段，学生可以随时随地获取丰富的学习资源，进行个性化的学习和交流。二是科技发展提供了数字化创新的工具和平

[①] 《习近平谈治国理政》（第三卷），外文出版社2020年版，第247页。

台。例如，在人工智能、大数据分析、虚拟现实等领域，科技发展提供了丰富的工具和平台，可以帮助学生进行创新研究和实践。三是科技发展提供了数字化思想政治教育的内容和形式。通过数字化手段，可以创新思想政治教育的课程内容和教学形式，使其更加生动、直观、多样化，更好地满足学生的需求和兴趣。因此，科技发展对于推进高校思想政治教育数字化理念的实现具有非常重要的作用。高校可以利用科技发展的成果和优势，借助数字化手段，创新思想政治教育，提高学生的思想道德素质和创新能力，为培养优秀人才做出更大的贡献。

其次，人的发展是创新高校思想政治教育数字化理念的目标。数字化理念在高校思想政治教育中的应用，旨在提供更加个性化、温暖人心的教育环境，注重关注学生的思想情感需求，培养他们的全面发展。一是数字化理念可以为学生提供个性化的学习和成长支持。通过数字化平台，高校可以根据学生的兴趣爱好和学习特点，提供定制化的学习资源和教育方案，满足学生的个性化需求，激发他们的学习兴趣和动力。二是数字化理念可以提供多样化的交流和互动机会。通过在线讨论、社交平台等数字化工具，学生可以与教师和同学进行更加广泛、便捷的交流，分享自己的思考和观点，拓宽视野，增强合作能力和团队精神。三是数字化理念可以提供关怀与支持的渠道。通过在线咨询、心理疏导等服务，高校可以及时了解学生的困惑和问题，提供必要的心理支持和帮助，关注他们的成长和健康发展。总之，通过数字化手段，高校可以更加注重关心学生的个性化需求和情感体验，提供温暖、关怀的教育环境，促进学生全面成长和发展，以达到实现自由而全面发展的最终目标。

最后，科技发展需要关注人的需求、人与人之间的情感、人类的道德观念，共同推进高校思想政治教育的数字化转型。一是技术服务于人文关怀。科技应当作为服务人文关怀的工具，通过智能化、个性化的技术手段，更好地满足学生在思想政治教育方面的需求。例如，利用大数据分析帮助教师了解学生的学习状况和心理状态，提供个性化的指导和支持。二是促进情感交流与互动。数字化平台可以促进学生之间和师生之间的情感交流和互动。高校可以通过在线讨论、社交平台等方式，营造更加开放、包容的学习氛围，促进情感沟通和理解，增强师生之间的信任和归属感。三是全面发展与个性成长。科技可以为每位学生提供个性化的学习路径和资源，帮助他们更好地发展自身潜能。同时，高校也应注重培养学生的人文素养和社会责任感，引导他们在数字化环境下进行全面发展，做一个有情感、有担当的公民。四是伦理与价值观引领。在数字化转型中，高校需要重视伦理和价值观的引领作用。科技的发展必须以人的尊严和利益为中心，避免技术对人的伤害和侵犯。高校应加强对学生的价值观教育，引导他们在科技发展中维护人文关怀和社会正义。总之，科技发展与人文关怀兼容，高校能够更好地实现教育目标，培养具有创新能力、人文素养和社会责任感的优秀人才。这种融合将促进高校思想政治教育的持续发展，为学生成长奠定坚实的基础。科技与人文的兼容性是推动高校思想政治教育数字化转型的关键所在，在数字化转型的过程中，科技和人文应当相辅相成，共同促进高校思想政治教育的有效发展。

二　个性化：个性需求与多元智能相统一

个性需求是指每个人在不同的生活和学习环境中，由于自身的特点和经历，会产生不同的需求和期望。例如，有些人更喜欢独立思考和自主学习，而有些人则更喜欢团队合作和互动交流，因此他们在学习和教育过程中对不同的教学方法和资源会有不同的需求。多元智能则是指人类具备多种不同的智能类型，包括语言智能、逻辑数学智能、空间智能、音乐智能、身体运动智能、人际智能、自我认知智能等。每个人在这些智能类型上的能力和表现都不同，因此在学习和教育过程中，需要采用不同的教学方法和评价标准，以满足学生的多元智能需求。在实际的教育实践中，为了满足学生的个性需求和多元智能，需要教师根据学生的差异和需求，采用不同的教学策略和方法，提供多样化的教育体验和学习资源。例如，在课堂教学中，可以采用问题导向、案例教学、合作学习等不同的教学模式，以满足不同学生的需求。在评价方面，也应该采用多元化的评价方式，包括考试、论文、演讲、实践操作等，以便更好地反映教育对象的多元智能和个性特点。

坚持个性要求与多元智能相统一的个性化理念是数字化时代高校思想政治教育理念创新的重要体现。首先，个性需求与多元智能相统一是数字化赋能高校思想政治教育实践教学的重要理念。通过技术支撑满足学生的个性和多元需求，可以促进学生的个性发展和全面成长。这种变革将为学生提供更丰富的学习体验，增强他们的学习动力和积极性。一方面，通过智能化技术和数据分析，高校可以了解学生的学习风格、兴趣爱好等个体差异，为他们提供相应的学习资源和支持，以促进其个性化成长和发展。通过人工智能、机器学习等技术，高校可以为学生提供智能化的辅导和支持，例如在线作业评估、智能答疑，等等，以提高学生的学习效率和质量。另一方面，通过在线学习平台和智能化工具，高校可以实时了解学生的学习进度和表现，提供个性化的评估和反馈，帮助他们更好地调整学习策略和提高学习效果。学生可以通过在线讨论、协作平台等方式与同学和教师进行互动，分享意见和经验，促进多元思维和观点的交流，丰富学习体验。

其次，个性需求与多元智能相统一的个性化理念是思想政治教育数字化的重要指南。数字化在各个领域、各行各业被广泛应用，但无论在哪个领域，以人为本、智能向善、伦理优先才是发展数字化和智能化的最终旨意。高校思想政治教育数字化理念与实践，应该以满足教育者和教育对象的需求和体验为出发点，通过深入了解教育者和教育对象的需求和行为，考虑到不同个体之间情感、认知和行为特点的个性化差异进行差异化设计。同时，数字化理念应注重智能化和人性化，除了提供更智能、便捷和高效的服务，应遵循伦理原则，在收集和使用个人数据时遵循透明、合法安全的原则，确保个人数据不会被滥用，尊重个人隐私权、自主权和尊严。只有坚持个性需求与多元智能相统一，才能实现高校思想政治教育数字化的人本价值。①

最后，个性需求与多元智能相统一的个性化理念与高校思想政治教育数字化理念内在契合。随着经济社会的发展，人的主体地位和自主性日益提升，个体思想活动逐渐呈现差异性和多元性。在市场经济、多元文化、开放环境等综合影响下，高校大学生的思想状况呈现出"消极与积极并存""个性发展失衡""个人主义盛行""自主性和创造性不断增强"等状态，逐步展现出复杂化、感性化、自主化等特点，这是数字化时代高校思想政治教育理念创新需要正视的现实问题。这就需要坚持个性需求与多元智能相统一，以尊重学生的主体地位和个性为前提，强化高校思想政治教育个性化和针对性。增强高校思想政治教育的个性化和针对性，就必须加强对教育对象的实践行为进行数据收集、整理和分析，而要达成这一目标，必须借助数字化技术和数据分析方法。重视个性化和多元化需求是数字化的重要特质之一，也是高校思想政治教育数字化理念的本质要求。

三　迭代化：与时俱进与持续创新相统一

与时俱进与持续创新相统一体现了对于变革和发展的不断追

---

① 参见刘伟《人机融合——超越人工智能》，清华大学出版社 2021 年版，第 233—262 页。

求。"与时俱进与持续创新"是指在不断变化的时代背景下，保持敏锐的洞察力和反应能力，不断进行创新和改进，以适应新的环境和需求。数字化技术为教育者和教育对象提供了更丰富的信息和更多维的视角。通过审视现存的思想政治教育模式、管理机制等存在的问题，在反思旧模式和机制的基础上，不断迭代和反馈，逐步完善和改进，构建适应数字化时代的思想政治教育新模式和新体系。这一理念在各个领域都具有重要意义，包括高校思想政治教育。在高校思想政治教育中，秉持与时俱进与持续创新相统一的迭代化思维，可以帮助高校更好地适应数字化时代的发展与变化，满足学生和社会的需求，为实现立德树人的教育目标服务。

与时俱进与持续创新相统一的迭代化思维是实现数字化理念的应有之义。迭代化思维指将复杂问题分解成小步骤，并通过不断循序渐进和反复推敲达到最终目标的思维方式。这种思维方式强调持续改进和不断创新，通过每一次迭代逐步完善和优化解决方案。在实际应用中，通过不断地迭代和反馈，可以有效降低风险、提高效率，最终达成理想目标。高校思想政治教育数字化理念同样是需要经过不断摸索和实践的。一是数字化理念需要在满足个人需求的同时，尊重学生的多样性和复杂性，提供灵活、多元的教育方式。二是数字化理念需要基于高校思想政治教育的教育目标、教育内容以及教育对象的特点，选择适合思想政治教育的技术应用和工具，这需要经过不断摸索和实践辨别出更契合的技术工具。三是数字化理念在高校思想政治教育中的应用，需要不断对其进行效果评估，及时进行调整与改进。总之，与时俱进与持续创新相统一的迭代化思维，意味着在适应时代变化的同时，不断进行创新和改进，以实现持续发展和提升。这两者相辅相成，共同构成了一个机制，使组织、机构或个人能够在不断变化的环境中保持活力和竞争力。在高校思政教育中，只有紧跟时代步伐，根据社会发展的要求调整教育内容和方式，才能更好地满足学生的需求，提高教育质量。同时，只有持续进行创新和改进，才能不断提升教育水平，适应新的挑战和机遇。这意味着迭代化思维是高校思想政治教育数字化理念的应有之义和内在要求。

四　数据化：数据思维与数据技能相统一

数据思维和数据技能是数字化时代的重要概念。数据思维是指运用数据分析、逻辑推理和系统思维的能力来解决问题和做出决策。拥有数据思维意味着能够从海量数据中提炼出有价值的信息，并基于这些信息进行客观、科学的分析和判断。数据技能是指人们在学习、工作、生活中具备的数据获取、制作、使用、评价、交互、分享、创新的素质与能力集合。具备数据技能意味着能够运用各种工具和方法来处理和解释数据，如 Excel、Python 编程、数据可视化工具等。在高校思想政治教育中，学生需要掌握一定的数据技能，以便能够独立开展调查研究、进行数据分析，并将数据应用到社会和政治实践中。数据思维和数据技能是相辅相成的，数据思维为数据技能提供了指导和逻辑基础，而数据技能则是实现数据思维的具体手段和工具。数据思维强调对数据的理解和运用，而数据技能则是实现数据操作和分析的具体能力。

"大数据革命给思想政治教育研究和实践带来的最大变革是思维方式的变革。"[①] 一方面，具备数据思维与数据技能相结合的数据化思维，可以帮助个人更好地应对日益复杂的社会环境，做出更准确的判断和决策。在高校思想政治教育数字化理念的实施中，培养学生的数据思维和数据技能，可以帮助他们更好地理解社会现象、分析政治事件，并做出理性的评价和判断。同时，也有助于学生在

[①] 黄欣荣：《大数据对思想政治教育方法论的变革》，《江西财经大学学报》2015 年第 3 期。

未来的社会和政治实践中，更好地应用数据分析和科学思维，为社会发展做出积极贡献。教育者和教育对象需要不断学习和提升自己的数字化能力，以适应快速变化的数字化环境，更好地参与到数字化思政教育中，推动教育质量的提升和教学效果的改善。另一方面，高校思想政治教育数字化理念需要运用数据化思维来支持和指导。在高校思想政治教育工作中，数据化思维有助于提高高校思想政治教育的科学性、精准性和有效性，通过数据思维与数据技能的引入，可以使高校思想政治教育工作者利用数据收集、整理和分析，从而制定更科学的思想政治教育工作方针和政策，有利于正向推动高校思想政治教育数字化理念的实践与发展。

第三节 培育思想政治教育者的数字化思政理念

数字化思政理念需要教育者以立德树人为导向，理解思想政治教育是如何发生的以及教育对象是如何受各种因素影响的，进而将数字化技术深度融入思想政治教育场景和教育流程。数字化思政理念是关于如何将数字化技术与思想政治教育相结合以增强思想政治教育实效性的思考，更关乎对思想政治教育者的考验，需要思想政治教育者具备数字化思政理念。因此，培养适应数字化时代、具备人机结合思维方式的思想政治教育者，成为思想政治教育实践的根本立足点。

一 树立科学的数字化思政理念

数字化技术从价值、目标、内容、方法等方面推动思想政治教育体系创新，但无论教育方法、手段、内容等如何变化，思想政治教育始终为促进人的全面发展而服务。数字化时代下的思想政治教育应树立科学的数字化思政理念,从"工具思维"走向"原点思维",充分发挥以大数据、人工智能等为代表的数字化技术在思想政治教育中的作用,将无法被机器替代的素养与能力作为培养的核心。

(一) 坚持把立德树人作为根本任务

立德树人是高校思想政治教育的根本任务。要坚持把立德树人作为中心环节,把思想政治工作贯穿教育教学全过程,实现全程育人、全方位育人,努力开创中国高等教育事业发展新局面。确立数字化思想政治教育的培养目标是树立科学数字化思政理念的核心要义,数字化思政并不意味着要完全取代传统思想政治教育,而是"外部世界对个人才能的实际发展所起的推动作用为个人本身所驾驭"[①],将数字化技术、数字化手段作为思想政治教育的重要补充,为教育对象提供更加多样化、个性化的教育资源和教育途径,促进教育对象的才能、素质、体力、智力等得以全面地发展和完善。以人工智能、大数据等为核心的数字化技术,确实能够为教育对象提供更加丰富的学习资源和个性化的学习支持,为教育者提供更多教学工具和资源。但是,技术是手段而并非目的,数字化技术作为一种工具,并不是思想政治教育的唯一关注点,思想政治教育的根本目标是培养学生的全面素质和能力,培养具有坚定的中国特色社会主义信念的,党和国家事业的合格建设者和可靠接班人。立德树人这一根本任务的实现,需要通过各项思想政治教育工作来实现。

一方面,坚持以理想信念教育为核心。是否具备坚定的马克思主义理想,事关全面推进中华民族伟大复兴新征程是否顺利的核心问题,也是培养人才的基本标准。坚定以理想信念教育为核心,可以从提升思想政治教育亲和力、增强社会主义意识形态吸引力着

---

① 《马克思恩格斯全集》(第三卷),人民出版社1960年版,第330页。

手。另外，当前思想政治教育过程中，随着算法推荐技术、智能设备等发展和应用，使用者所产生的技术依赖使部分教育对象更习惯于接受一些简单、娱乐、易懂的内容，将思想政治教育简单地理解为"讲大道理""掉书袋"。2016年12月，习近平总书记在全国高校思想政治教育工作会议上强调思想政治教育者应注重"提升思想政治教育亲和力"[1]。提升思想政治教育亲和力，可以从提升思想政治教育人员、教育内容、教育方法的亲和力着手。

一是教育人员肩负着提升教育效果的重任，发挥着感染、启发教育对象的作用。"最高限度的马克思主义等于最高限度的通俗化"[2]，教育人员应贴合时代生活、创新话语表达，善于利用理论的大众话语增强语言魅力，提升马克思主义理论教育的亲和力，提升自己的情感魅力、语言魅力、人格魅力，不断提高教育人员育人意识、不断增强教育者育人能力。同时，教育人员在思想政治教育中占据主导地位，必须具有坚定的理想信念，自觉将马克思主义理论和党的教育方针贯彻到教育全过程，自觉培养社会主义建设者和接班人。

二是教育内容是提升思想政治教育亲和力的基础。"理论只要说服人，就能掌握群众；而理论只要彻底，就能说服人。"[3] 当前，思想政治教育存在空洞、脱节、乏味等现象，需要坚持教育内容的时效性、确定教育内容的真实性、厚植教育内容的文化性，结合世界社会主义发展史、中国特色社会主义伟大成就和生动实践，贴近实际、贴近时代、贴近生活，提升教育内容的亲和力。

三是教育方法是提高思想政治教育亲和力的桥梁。随着互联网、智能设备等技术的发展，使信息传播"无处不在、无人不用、

---

[1] 《把思想政治工作贯穿教育教学全过程》，《人民日报》2016年12月9日第10版。
[2] 《列宁全集》（第三十六卷），人民出版社1959年版，第468页。
[3] 《马克思恩格斯选集》（第一卷），人民出版社2012年版，第9页。

无所不及",极大地拓展了思想政治教育的空间。数字化时代,新技术为教育提供新手段、新工具、新思维的同时,也使网络意识形态领域面临诸多风险与挑战。以文化娱乐领域为滋生土壤、以技术赋能的娱乐媒介为传播载体,在大众狂欢式数字劳动的助推下,逐渐呈现信奉个人主义、享乐主义、感官主义等后现代价值倾向,技术沦为西方资本主义意识形态渗透的工具附庸。网络的复杂性、不可控性,将教育对象置于海量"碎片化"信息的环境中,极易陷入被动状态,因此必须坚持以情动人与以理服人相结合、显性教育与隐性教育相结合,"润物细无声"地使教育对象通"情"达"理"。

另一方面,以爱国主义教育为重点。培养高校青年爱国主义精神以抵御各种非主流意识形态和错误价值观的腐蚀、提高应对各种极端突发性事件灾难的能力十分关键。一是用"四史"涵养新时代爱国主义教育。在当下"百年未有之大变局"背景下,西方敌对势力对中国共产党的抹黑、散播的谣言或多或少地给青年思想带来困惑,"四史"能够清晰、客观地解答困惑、回击抹黑,清扫新时代青年爱国主义教育遇到的阻碍,是新时代爱国主义教育的最好素材。教师可以从学生关注的热点问题出发,运用专业的知识帮助学生疏通思想认识的堵点,由原来的"单一主体"向"双主体"转变、"一言堂"向启发式教学转变。注重引导学生去思考"为什么",锻炼学生的问题意识和思辨能力。二是将新时代涌现的爱国事迹融入爱国主义教育。新时代涌现的爱国事迹,为爱国主义教育提供了丰富的素材资源。但是,对新时代涌现的感人爱国事迹,不能单向地灌输或者强加给教育对象,而应科学规划"讲什么""谁来讲""怎么讲"新时代涌现的爱国事迹,提升爱国主义教育效果。三是创新性开展以爱国主义教育为核心的红色纪念活动。红色纪念活动具有强化政治认同、传承历史记忆、弘扬革命精神、激发爱国情感的功能,对开展爱国主义教育工作十分有利。爱国主义教育要"充分挖掘重大纪念日、重大历史事件蕴含的爱国主义教育资源,组织开展系列庆祝或纪念活动和群众性主题教育"①。红色纪念活动中蕴藏的爱国主义教育资源,通过增强红色纪念活动的仪式感、深化红色纪念活动的主题性、扩大红色纪念活动的影响力,利用数字化、智能化技术,创新性开展以爱国主义教育为核心的红色纪念活动,提高爱国主义教育实效性,以落实好、实现好立德树人的根本任务。

(二) 准确把握数字思政的本质规律

数字思政具有必然性、精准性和互动性,能够不受时间和空间限制,快速筛选、整理、推送信息后迅速传达,满足教育对象的个性化需求。随着信息技术的兴起和发展,数字思政已经成为当前思想政治工作的重要形式之一。大数据、人工智能、虚拟现实等新兴技术在思想政治教育领域的广泛应用,推动思想政治教育理念、模式、话语等创新,反映出思想政治教育的育人条件发生巨变。然而,在建构独特数字空间的同时,数字思政易出现技术异化、交往壁垒、信息过载等风险,这需要思想政治教育者准确把握数字思政的本质规律,有助于提升思想政治工作的效能和影响力,实现思政育人的准确性、及时性和有效性。

第一,数字思政具有必然性。随着大数据、虚拟现实、人工智能等数字技术的迅猛发展,互联网、移动通信等数字化方式逐渐成为开展思想政治工作的重要形式。思想政治教育必须顺应时代发展趋势,积极实现数字化转型,这种转型不是简单的方法的改变,而是结合现实生活,以思想政治教育对象的精神需要为根本出发点,以数字化手段为教育工具,不断为思想政治教育赋能,实现立德树人的根本任务。当前,数字生产力改变着人们的思维方式、生活方

---

① 《新时代爱国主义教育实施纲要》,《人民日报》2019年11月13日第1版。

式、交流方式，成为时代最强音，数字化思政成为客观必然。

第二，数字思政具有精准性。大数据、人工智能、智能算法赋能下的思想政治教育，以"精准识别—精准分析—精准供给—精准评估—精准管理"为运行机制，对受教育者实施个性化、分众化、动态化的教育实践，旨在实现精准育人。在大数据、人工智能等信息技术的加持下，能够高效地记录、运算、集聚、分析教育对象的思想动态、行为轨迹等数据信息，从而精准把握教育对象的个性化、多元化需求，为思想政治教育的管理、评价和决策提供判断依据，极大地提高了思想政治教育的精准性。此外，技术加持下的思想政治教育具备生产、过滤、推送等功能，能够利用技术手段"识别"教育对象真实的心理需求和精神需求，进而实现精准推送。

第三，数字思政具有交互性。数字化技术改变了传统思想政治教育单向式传输、媒介载体单一、过度依赖经验等模式，形成教育者和教育对象的"交互主体性"关系。传统思想政治教育通常采用授课、电视、场景教育等形式，将社会要求的思想观念、道德规范生硬地传授给教育对象，不利于发挥受教育者接受教育的积极性和主动性。在数字技术赋能下，思想政治教育从广泛化走向精准化、从平面化走向立体化。例如 VR 虚拟现实技术等数字化技术的运用，突出技术整合和场景构建，打破传统地点和课程的局限，将知识传授、情感体验、行为实践相融合，构建出沉浸式、体验性、全息化的立体场景，实现教育过程"一对多"到"一对一"的转变。

（三）积极探索数字化思政的新范式

站在新的历史起点，思想政治教育者应积极推进思想政治教育与数字化特色相结合，以守正创新、协同精准为导向，正确处理"虚拟与现实""数字与价值""传统与转型"的关系。积极促进思想政治数字化转型，更好地书写新征程铸魂育人奋进新篇章。

第一，正确处理"虚拟与现实"的关系。在虚拟空间中，网络、社交媒体等为思想政治教育活动提供了平台，为教育对象提供了更便捷、快速获取信息和参与互动的途径；在现实空间中，智能化设备、虚拟现实技术等数字化技术在思想政治教育实践活动中被广泛运用。数字化技术加速推进"虚拟与现实"的融合，拓展了思想政治教育的传播途径和方式，提高了教育效果和社会影响力。同时，也需要平衡好虚拟空间和现实空间之间的关系，确保思政教育工作的深入开展和良好效果。

第二，正确处理"数字与价值"的关系。近年来，大数据、云计算、人工智能等新技术快速发展，但数字化技术与价值利益权衡的"越位"和"缺位"使数字化技术与价值导向间的关系失衡。数字化技术的发展应当为实现人类的价值目标提供支持和服务，而不是将数字化本身作为最终目标。在思想政治教育实践活动中，数字化技术更应承担起思想政治教育的根本任务，不能让技术遮蔽、弱化、消解立德树人的内在价值，始终将人的价值和需求置于首位，明确立德树人的价值导向。

第三，正确处理"传统与转型"的关系。数字化思政旨在利用人工智能、大数据等新兴技术引导学生树立正确的世界观、人生观、价值观。一方面，数字化思政意味着对传统思想政治教育方式和途径的变革，能够提升思想政治教育的效果和吸引力；另一方面，思想政治教育是落实立德树人根本任务的教育活动，新方式、新途径并不意味着思想政治教育内容和目标的改变。因此，思想政治教育数字化转型并不是对传统思想政治教育的全盘否定，积极探索数字化思政新范式需要正确处理"传统与转型"的关系，在推动思想政治教育的数字化转型的同时，仍要始终坚守其内在本质要求，实现传统与转型的有机衔接。①

二 鼓励数字化思政理念的研究

数字思政是思想政治教育面向数字化这一重大时代背景的范式转型与全面应对，其研究对象是数字社会的思想政治教育现象及其规律，是对数字社会思想与行为引导规范进行的学理阐释、理论表达和实践创新。由于数字化思政理念的研究涉及教育学、信息科学、心理学等多个学科领域的交叉与融合，需要充分考虑教育的特殊性和思政教育的目标，以提高思政教育的有效性和针对性。在推动数字化思政理念的研究过程中，应关注技术手段、制度体系、社会影响、价值观影响等方面的研究，既要关注技术创新，也要关注社会影响和价值导向，以期能够更好地促进思想政治教育工作不断创新和发展。

（一）以技术手段研究为基础

数据采集与分析、个性化服务与推送、舆情引导与舆情治理等技术手段的研究是数字化思政理念得以实现的基础和关键，通过科技手段的创新应用，可以更好地提升思想政治教育的准确性、针对性和实效性，实现数字化思政立德树人的根本目标。但同时也要注意技术的合理应用，注重人文关怀和个人权益的保护，确保技术的发展与社会的发展相协调。第一，数据采集与分析为思想政治教育提供科学依据。智能算法、大数据、云计算等技术，能够快速、高效地对教育对象的思想状况进行全面、准确的数据采集和分析，思想政治教育者可以通过网络舆情监测系统、社交媒体数据挖掘等方式，实时了解教育对象的关注点、态度和情绪，突破了以往无法从海量信息中精准发现"真问题"的局限，为思想政治教育提供

---

① 参见刘映芳《思想政治教育数字化转型：内涵、动力与路径——基于辩证分析视角》，《思想理论教育》2023 年第 10 期。

支撑。

第二，个性化服务与推送技术促使教育对象从"被动学习者"转变为"主动探索者"。智能算法、个性化推荐等技术，能够根据用户特征进行个性化推送，为教育对象提供"量身定制"的思想政治教育内容和服务，向教育对象提供精准的政策解读、理论讲解等，满足其个性化需求。同时，根据教育对象的画像和行为分析，利用人工智能技术打破以往局限于音频、文字、视频等"平面化"的呈现方式，通过VR、AR等技术为教育对象提供沉浸式体验，使教育内容"立体化"呈现成为现实，吸引教育对象从被动学习转向主动探索。

第三，舆情引导与舆情治理技术有助于为思想政治教育营造良好的舆论环境。舆情引导与舆论治理技术的功能在于通过数据分析和信息传播手段，对舆情进行及时监测、筛查和引导，利用大数据和自然语言处理等技术，对网络舆情进行实时、全面的监测和分析。通过对社交媒体、新闻网站、论坛等平台的数据收集和挖掘，可以获取关于特定话题或事件的舆情信息，包括舆论倾向、情绪态度、关键词等。根据分析结果和政策需求，可以制定相应的舆论引导策略，包括发布权威观点、组织专家解读、推动正面报道等，以形成正确的舆论环境。舆情引导与舆论治理技术可以帮助识别和筛查网络上的谣言、不良信息以及恶意攻击等问题。基于机器学习和人工智能的算法，可以自动识别出具有误导性、虚假性或攻击性的信息，从而及时采取措施进行反驳、辟谣或删除。在面临舆论危机时，舆情引导与舆论治理技术可以提供应对措施和支持。通过实时监测舆情动态和情绪变化，可以及时发现并采取针对性的措施，包括发布公开信息、进行危机回应等。通过人工智能和自然语言处理技术，对网络舆情进行及时、精准的监测和分析，同时可以利用舆情引导系统和舆论治理工具，对不良信息和谣言进行筛查和处理。这有助于维护社会稳定，提高公众对正确信息的接受度和认同感。

第四，在线教育与互动平台是数字化理念得以实现的重要载体。在线教育与互动平台是数字化思政中的重要组成部分，主要通过网络技术和互动工具，为广大学生和群众提供高质量的思想政治教育资源，并促进互动交流和学习共享。在线教育与互动平台作为数字化思政的重要手段，可以通过技术手段的创新应用，提供高效、便捷、个性化的思想政治教育服务，促进学习共享和交流互动，有效提升思想政治教育的覆盖面和影响力。在线教育与互动平台可以提供包括理论教育、政策解读、国情分析等多种类型的思想政治教育资源。这些课程可以由权威专家、学者或政府机构提供，内容涵盖党史、国情、法治、社会主义核心价值观等多个方面，满足不同层次和领域的学习需求。平台可以提供各种互动交流环境，包括在线讨论区、实时互动直播、虚拟实验室等。教育对象可以通过这些环境进行学习讨论、问题解答、互动交流，促进学习氛围的形成和知识的共享。基于用户画像和学习行为分析，平台可以为用户提供个性化的学习支持和服务。通过智能推荐算法，为用户推荐符合其学习需求和兴趣爱好的内容，提供个性化的学习路径和学习资源。同时，平台可以提供在线测评和反馈机制，对学习效果进行评估和反馈，以帮助思想政治教育者及时掌握教育效果，为进一步开展思想政治工作提供依据。

（二）以制度体系研究为保障

制度体系研究在实现数字化思政理念的过程中发挥着重要的保障作用。通过建立健全的制度体系，可以为数字化思政教育提供坚实的保障和支持，促进思政教育的现代化转型和持续发展。一是制度设计与规范。通过深入研究制度体系，可以建立相关的制度设计与规范，明确数字化思政的目标、原则、程序等方面的要求。这有助于确保数字化思政教育在制度层面上有明确的指导和支持，避免教育活动的随意性和不确定性；二是制度运行与监管。制度体系研究可以帮助建立健全数字化思政教育管理机制，包括教育资源配置、教学质量监控、师生互动机制等方面。通过制度的运行和监管，可以有效地推动数字化思政理念的贯彻落实，确保教育目标的实现和效果的评估；三是制度优化与创新。制度的优化与创新是推动教育模式和方法变革的关键，在数字化思政教育中，通过对制度体系的研究，可以发现现有研究的局限和问题，并提出改进和优化建议，提升思政教育的质量和效益；四是制度适应与发展。随着数字化技术的发展和应用，制度体系也需要不断进行调整和适应。制度体系研究可以帮助识别数字化思政教育发展的新需求和挑战，为制度的更新和发展提供理论和实践支持，保障数字化思政理念的持续推进。

（三）以教育理论研究为依据

教育理论研究是实现数字化思政理念的重要依据，它为数字化思政实践提供了理论支撑和指导，帮助确立教育目标、设计教学活动、进行评价反馈，并推动数字化思政教育的创新与发展。一是教育目标与理念。教育理论研究有助于明确数字化思政的教育目标和理念。通过研究教育学、心理学、社会学等领域的相关理论，可以深入探讨数字化思政教育的价值取向、发展方向和意义，为数字化思政实践提供明确的指导。二是学习与教学理论。教育理论研究可以提供关于学习与教学的理论基础。深入了解学习者的认知特点、学习过程和学习动机等方面的理论研究，能够指导数字化思政教育中教学内容的设计、学习活动的组织以及教学方法的选择，以优化学习效果。三是教育评价与反馈。教育理论研究可以为数字化思政实践提供评价与反馈的理论基础。通过研究教育评价的理论模型和方法，可以设计有效的数字化思政教育评价体系，全面了解学生的学习情况和成长发展，为教育者提供科学的反馈和个性化的指导。四是教育技术与创新。教育理论研究对于数字化思政实践中的教育技术和创新具有重要的指导作用。通过研究教育技术的理论基础和应用模式，可以有效地整合数字化技术与思政教育内容，创造出更具创新性和互动性的数字化思政教育手段和工具。五是教育政策与管理。教育理论研究对于数字化思政的政策制定和管理具有指导意义。通过研究教育政策与管理的理论框架和实践经验，可以为数字化思政教育提供政策支持和管理模式，推动数字化思政的规范化和可持续发展。

（四）以价值观引领研究为目的

价值观引领研究是数字化思政理念的重要目的之一，它通过引导教育实践中的核心价值观、传统文化价值观等，促进教育对象全面发展，培养积极向上的人格品质，推动社会发展和进步，是数字化思政取得成功的关键。一是塑造正确的核心价值观。通过深入研究不同文化、社会背景下的核心价值观，可以帮助确立数字化思政的核心价值取向。明确正确的核心价值观是数字化思政理念的基础，有助于引导教育实践朝着积极向上的方向发展。二是传承和弘扬传统文化价值。价值观引领研究还可以帮助挖掘和传承优秀的传统文化价值观，将其融入数字化思政教育中。传统文化的智慧和价值观对于塑造学生正确的世界观、人生观、价值观具有重要意义。三是引导教育对象积极向上发展。通过价值观引领研究，可以设计并实施符合教育对象成长需求的教育内容和活动。这样的教育能够引导教育对象形成积极向上、有责任心和担当精神的个人品格，培养他们成为对社会有益的公民。四是推动社会发展和进步。价值观引领研究有助于培养教育对象正确的社会责任感和公民意识，激励他们在社会发展和进步中发挥积极作用。通过数字化思政教育，可以培养更多有社会责任感和使命感的青年人才，维护与推动社会秩序和进步。

三 开展信息技术应用能力培训

"为了征服机器,使之满足人类的需要,我们必须了解机器,知其所以然",[①] 培养思想政治教育者的数字化思政理念,必须使思想政治教育者了解数字化技术在思想政治教育过程中的作用原理,在此基础上熟练应用以数字化、网络化、智能化为核心的信息技术。只有思想政治教育者自身具备良好的信息技术应用能力,才能更好地理解和运用数字化思政理念。开展信息技术应用能力培训,帮助思想政治教育者提升数字化技能和素养,推动思想政治教育的信息化发展,对于培养思想政治教育者数字化思政理念起着关键的作用。

(一) 制订数字化思政培训计划

制订数字化思政培训计划是培养思想政治教育者数字化思政理念的关键步骤,需要明确培训目标、分析受训对象需求、设定培训内容、确定培训方式、给予资源准备与支持等,这样才能有效地开展数字化思政培训,提高思想政治教育者的思政素养和信息技术能力。

首先,要明确数字化思政培训的总体目标,根据《关于印发〈提升全民数字素养与技能行动纲要〉的通知》《关于发布〈教师数字素养〉教育行业标准的通知》《关于加强新时代教育管理信息化工作的通知》等文件精神,确定培养什么样的思政素养和信息技术能力。一方面,需要提升思想政治教育者的数字素养和数字治理能力,引导思想政治教育者主动适应教育数字化转型要求,强化互联网思维,树立以数字化治理、数字化平台、数字化战略等为关键

[①] [美] 刘易斯·芒福德:《技术与文明》,陈允明等译,中国建筑工业出版社2009年版,第9页。

内容的数字思维；另一方面，需要帮助思想政治教育者树立科学的数字化思政观念，提升思想政治教育者利用数字技术获取、加工、使用、管理和评价数字信息和资源，发现、分析和解决思想政治教育问题的能力。

其次，要分析思想政治教育者的需求，了解受训对象的背景、水平和需求，有针对性地设计培训内容和形式。综合运用问卷调查、座谈会、数据分析等方式，获取受训对象的反馈意见，有针对性地调整培训计划，为制定符合实际情况的数字化思政培训计划提供有力支持，提高数字化思政培训的效果和实效性。例如，利用学生的学习数据、考试成绩、课堂表现等信息进行分析，找出受训对象在数字化思政方面存在的问题和需求，或是通过观察受训对象的学习状态、互动方式等，记录他们在数字化思政领域的现有水平和客观需求。

再次，根据培训目标、受训对象的需求等多方面因素的综合考虑，确定培训的内容与方式。一方面根据数字化思政的核心理念和要求，内容可以包括思政教育理论知识、信息技术基础知识、数字化思政案例分析等方面。结合信息技术应用，确定培训的信息技术基础知识内容，如数据分析、网络安全、信息检索等方面的知识。设计数字化思政案例分析等实际操作内容，帮助思想政治教育者运用信息技术解决思政问题。另一方面，根据受训对象的数量和教学资源情况，确定培训方式，比如线下面授、在线视频教学、实践操作等方式的结合使用。结合案例分析、小组讨论、角色扮演等活动，增加培训的趣味性和互动性。考虑采用模块化教学，根据不同的内容设置不同的培训时间段，在培训过程中，随时根据思想政治教育者的学习情况和反馈意见，灵活调整培训方式和内容，以确保培训效果的最大化。

最后，给予资源准备与支持是确保数字化思政培训顺利进行和取得良好效果的关键之一。要确保提供足够数量和质量的教学资源，包括教材、课件、实验设备等，以支持数字化思政培训的开展。根据培训内容和方式的需要，准备相关的信息技术设备和软件工具，如电脑、互联网接入、数据分析软件等。同时，需确保有专业素质高、教学经验丰富的师资队伍，他们应该具备数字化思政领域的专业知识和教学技能。提供师资培训和支持，使教师熟悉数字化思政培训内容和方法，提高其教学水平和专业能力。再者，需提供必要的技术支持，定期维护和更新教学设备，及时解决故障和问题，确保数字化思政培训的信息技术设备正常运行，如网络连接稳定、软件系统正常等。总之，通过给予资源准备和支持，可以为数字化思政培训提供必要的条件和保障，确保培训的顺利进行和取得良好效果。

（二）安排充分的应用实践环节

对思想政治教育者开展信息技术应用能力培训时，同样需要安排充分的应用实践环节，以帮助他们提升信息技术应用能力，将所学的理论知识应用到实际情境中，更好地运用技术手段进行思政教育工作。一是实际操作演练。提供实际操作演练机会，让思想政治教育者亲自动手操作各类信息技术工具和软件，包括数字化平台、网络应用等。指导他们熟练掌握基本操作技能，如文件管理、数据处理、网络沟通等，以提高其信息化工作效率。二是案例分析与解决方案设计。设计与思政教育相关的信息技术应用案例，让教育者通过分析案例，探讨如何运用技术手段促进思想政治教育。鼓励思想政治教育者结合实际工作情境，设计相应的信息技术应用解决方案，提升其教学实践能力。三是项目实践与创新。组织思政教育者参与信息技术应用项目实践，如线上课程设计、数字化教学资源开发等，培养其创新能力和实践经验。鼓励思想政治教育者在项目中尝试新技术、新方法，探索更有效的思政教育模式，提高教学效果和学生参与度；四是模拟场景演练。设计思政教育相关的模拟场景，让教育者在虚拟环境中进行信息技术应用操作，如在线辅导、网络问答等，提升应变能力。提供实时反馈和指导，帮助思政教育者不断优化信息技术应用方案，逐步提高其教学水平和服务质量；五是跨学科整合与分享交流。鼓励思政教育者跨学科整合信息技术应用于思想政治教育知识，开展跨学科研究和项目实践，促进思想政治教育创新发展。组织思想政治教育者间的经验分享和交流活动，促进彼此学习、共同进步，建立良好的专业发展氛围。同时，应注意结合具体培训需求和实际工作情境，设计个性化的培训方案，确保实践环节与培训目标紧密衔接，取得最佳的培训效果。

（三）整合共享优质培训资源

《教育部高等教育司 2023 年工作要点》中强调，深入实施数字化战略行动，提升大数据赋能平台，整合共享优质培训资源。进一步强化数字赋能，探索建立高校"思政指数"，坚持边建边用边完善，提高相关数字化平台建设、运行、服务质量。[①] 首先，建立数字化教学资源库。可以通过收集整理各类信息技术应用相关的教学资源，包括教材、教学视频、案例分析、操作指南等。确保资源库内容覆盖广泛，从基础知识到高级技能都有涵盖，以满足不同层次教育者的需求。并建立能够提供搜索和访问的功能资源管理系统，例如学习管理系统（LMS）、知识管理系统（KMS）等，筛选出质量高、内容丰富的资源，同时标注出每个资源的标题、简介、作者、关键词等信息，将其进行分类、标注和归档，帮助使用者快速找到所需资源。此外，还可以通过教育平台、社交媒体、专业论坛等途径进行推广，向思想政治教育者广泛宣传资源库的存在和价值，提醒他们利用资源库进行学习和教学，吸引更多教育者参与和

---

① 参见《教育部思想政治工作司 2023 年工作要点发布》，《吉林教育》2023 年第 11 期。

贡献资源。建立数字化教学资源库需要耗费一定的时间和精力，但可以有效组织和管理教学资源，为思想政治教育者提供便捷的资源获取渠道，促进他们的专业发展和提高教学质量。

其次，打造在线学习平台。明确在线学习平台的服务对象（思想政治教育者）和提供的课程类别（信息技术应用能力），以此确定在线学习平台的目标和定位。在目标明确的基础上，选择合适的在线学习平台搭建技术，例如学习管理系统（LMS）、开源平台（如 Moodle）、自主开发等，根据需求选择云端托管或自建服务器等搭建方案。其中，设计便于用户操作、教育资源内容丰富、提供学习跟踪和评估功能等是搭建在线学习平台的核心要素。同时，还需持续收集用户反馈意见，不断改进和优化平台功能，定期更新教学资源和课程内容，保持平台的活力和吸引力。设计互动性强的在线学习模式，支持教育者随时随地进行学习，灵活安排学习时间。可以成功搭建一个在线学习平台，为思想政治教育者提供定制化的信息技术应用能力培训课程，促进其信息技术应用能力的提升和专业发展。除此之外，在学习平台内嵌交流板块，让教育者之间可以分享资源、交流经验、互相支持。组织线上讨论会、研讨会等活动，促进教育者之间的交流互动，共同探讨信息技术在思政教育中的应用。

最后，与行业合作整合共享资源。与行业内的培训机构、企业建立合作关系，获取专业的信息技术应用培训资源。组织实地参观、实践活动等，让教育者深入了解最新的技术发展趋势和行业最佳实践。通过以上具体措施，可以有效整合共享优质的培训资源，为思想政治教育者提供全方位、多样化的信息技术应用能力培训支持，帮助他们更好地应对教学挑战，提升教学质量和效果。同时，也有助于建立一个互助共享、专业发展的氛围，促进教育者之间的相互学习和进步。

第 三 章

数字化时代高校思想政治教育模式创新

第一节　高校思想政治教育模式的现存问题

习近平总书记指出，当今世界正处于百年未有之大变局[①]，全球新一轮科技革命和产业变革持续深化，新一代信息与数字技术随之强势崛起，其深层次迭代速度超乎想象，已然是全球科技创新的竞争高地，对人类文明与社会生产发展产生极其深刻的影响。世界经济论坛主席克劳斯·施瓦布指出，以数字化和智能化为核心特征的"第四次产业革命"正席卷而来。[②] 以数据驱动为特征的数字化、网络化、智能化持续深入推进，数据化的知识与信息作为关键的生产要素在推动生产力发展与生产关系变革中作用愈发凸显，当下的经济社会发展正处于从生产要素到生产力，再到生产关系的全面系统变革之中。[③] 可以说，数字化时代已经来临，大数据正开启

[①] 《高举中国特色社会主义伟大旗帜　奋力谱写全面建设社会主义现代化国家崭新篇章》，《人民日报》2022年7月8日第1版。

[②] ［德］克劳斯·施瓦布：《第四次工业革命》，李菁译，中信出版社2016年版，第10—19页。

[③] 中国信息通信研究院：《全球数字经济图景（2020年）——大变局下的可持续发展新动能》，2020年，第1页。

新一轮重大的时代转型,对人类影响极其深远,它重塑着我们的生产方式、生活方式和思维方式。① 在这个转型过程中,人类社会中的各种现象以及行为都能被"数据化",基于"数据化"的社会现象与行为借此可以被进一步采集、存储、分析以及利用,大大突破传统的信息获取方式与解读能力,为更加精确地了解社会需求、掌握社会发展动态、提供个性化服务与预测未来发展等方面提供牢固且稳妥的基础支撑。

2015 年,党的十八届五中全会首次提出"国家大数据战略",2015 年 8 月 31 日,国务院印发《促进大数据发展行动纲要》,正式拉开"数据强国"建设的序幕。习近平总书记围绕大数据的运用提出了一系列重要观点与论断,形成大数据观,为加快建设"数字中国"、推动中国数字经济发展以及大数据战略提供了基本遵循。② 2017 年 12 月 8 日,习近平总书记在中共中央政治局第二次集体学习时对深入实施国家大数据战略提出了五项要求:一是要推动大数据技术产业创新发展;二是要构建以数据为关键要素的数字经济;三是要运用大数据提升国家治理现代化水平;四是要运用大数据促进保障和改善民生;五是要切实保障国家数据安全。③ 他指出:"善于获取数据、分析数据、运用数据,是领导干部做好工作的基本功。各级领导干部要加强学习,懂得大数据,用好大数据,增强利用数据推进各项工作的本领,不断提高对大数据发展规律的把握能力,使大数据在各项工作中发挥更大作用。"④ 习近平总书记就曾指出要运用大数据促进保障和改善民

---

① [英]维克托·迈尔-舍恩伯格、肯尼斯·库克耶:《大数据时代》,盛杨燕、周涛译,浙江人民出版社 2013 年版,第 7—9 页。
② 吴韬:《习近平的大数据观及当代价值》,《中共云南省委党校学报》2018 年第 4 期。
③ 《习近平在中共中央政治局第二次集体学习时强调审时度势精心谋划超前布局力争主动 实施国家大数据战略 加快建设数字中国》,《人民日报》2017 年 12 月 10 日。
④ 习近平:《在十九届中央政治局第二次集体学习时的讲话》,载中共中央党史和文献研究院编《习近平关于网络强国论述摘编》,中央文献出版社 2021 年版,第 40 页。

生。"大数据在保障和改善民生方面大有作为。要坚持以人民为中心的发展思想，推进'互联网+教育''互联网+医疗''互联网+文化'等，让百姓少跑腿、数据多跑路，不断提升公共服务均等化、普惠化、便捷化水平。要坚持问题导向，抓住民生领域的突出矛盾和问题，强化民生服务，弥补民生短板，推进教育、就业、社保、医药卫生、住房、交通等领域大数据普及应用，深度开发各类便民应用。要加强精准扶贫、生态环境领域的大数据运用，为打赢脱贫攻坚战助力，为加快改善生态环境助力。"①

党的二十大报告指出："教育是国之大计、党之大计。培养什么人、怎样培养人、为谁培养人是教育的根本问题。"高校思想政治教育是中国教育的重要组成部分，旨在培养学生正确的政治观念、道德理念和文化素质，使其成为有理想、有信仰、有担当的新时代青年，事关中国大学生群体世界观、人生观、价值观的正确树立与立德树人任务的落实，事关教育改革发展稳定大局，事关中国宣传思想文化工作与意识形态领域的国家安全。2019 年 3 月 18 日，习近平总书记主持召开学校思想政治理论课教师座谈会并指出："思想政治理论课是落实立德树人根本任务的关键课程。"② 因此，高校思想政治教育是一项重要的任务，旨在培养学生正确的政治观念、道德理念和文化素质，使其成为有理想、有信仰、有担当的新时代青年。另外，中国进入了新时代，社会主要矛盾发生变化，在新的历史形势下，高校思想政治教育也面临新的发展难题。在互联网技术飞速发展的过程中，青年学生收集、处理、运用数据的能力明显提升。在大数据时代的历史背景之下，高校的思想政治教育工

---

① 习近平：《在十九届中央政治局第二次集体学习时的讲话》，载中共中央党史和文献研究院编《习近平关于网络强国论述摘编》，中央文献出版社 2021 年版，第 22—23 页。

② 习近平：《思政课是落实立德树人根本任务的关键课程》，《求是》2020 年第 17 期。

作呈现出新特征，面临着新的挑战与机遇。① 在数字化时代，高校思想政治教育工作应积极改变传统的教育教学模式与方法，细致分析当前思想政治教育的新特点、新要求，并针对具体问题出台对应的举措，探究思想政治教育的新路径，为高校思想政治教育注入新动力。高校思想政治教育工作要遵循思想政治工作规律，遵循教书育人规律，遵循学生成长规律，不断提高工作能力和水平。要用好课堂教学这个主渠道，思想政治理论课要坚持在改进中加强，提升思想政治教育亲和力和针对性，满足学生成长发展需求和期待，其他各门课都要守好一段渠、种好责任田，使各类课程与思想政治理论课同向同行，形成协同效应。②

高校思想政治教育模式是指在高校中实施思想政治教育的方式和方法。随着社会的发展和变化，高校思想政治教育模式也在不断发展和改进。在当前的形势下，高校思想政治教育模式需要更加注重学生的主体性和个性化需求，同时也需要更加注重实践性和实效性。因此，高校需要不断创新思想政治教育模式，探索更加符合学生实际的教育方式和方法。面对新形势下高校思想政治教育发展的任务与挑战，我们需要奋力实践、努力探索，依托模式创新的手段开创高校思想政治教育的新局面。然而，在数字化时代，高校思想政治教育模式也存在一些问题，具体体现为以下几点：

一是教育内容单一化，主要体现为互联网的海量信息与有限的思政教育内容之间的矛盾。2019年3月18日，习近平总书记在学校思想政治理论课教师座谈会上强调：要坚持政治性和学理性相统一，以透彻的学理分析回应学生，以彻底的思想理论说服学生，用

---

① 孙蓉：《大数据时代大学生思想政治教育面临的问题及应对措施——评〈新时代大学生思想政治教育新任务新策略研究〉》，《应用化工》2023年第10期。
② 《习近平在全国高校思想政治工作会议上强调　把思想政治工作贯穿教育教学全过程于创我国高等教育事业发展新局面》，《人民日报》2016年12月9日第1版。

真理的强大力量引导学生。① 数字化时代意味着信息爆炸，信息垄断的时代一去不复返。海量信息泥沙俱下，学生获取信息的渠道与手段多种多样且方便快捷，然而，现有的高校思想政治教育内容过于单一，缺乏多样性和丰富性。具体表现为教育者只注重传授传统的思想政治理论知识，政治说教意味浓重，学理性不足，并且忽视学生的实际需求和个体差异，缺乏对现实生活和社会热点的关注。这种单一化的教育内容往往导致学生对思想政治教育产生厌倦和抵触情绪，缺乏学习的积极性和主动性。同时，由于缺乏多元化的教育形式和个性化的教育方案，学生难以真正理解和掌握思想政治理论知识，更难以将其应用于实际生活和工作中。目前，高校思想政治课程大多缺乏实践教育和启发式教育，思政课教材教辅和读本对不同学段学生的适应性尚有欠缺，导致学生对政治理论的理解和应用能力不足。首先，思政教育应涵盖广泛的思想和理论，如中国特色社会主义和中国梦教育、社会主义核心价值观教育、法治教育、铸牢中华民族共同体意识教育、劳动教育、生态文明教育、心理健康教育等；理想信念教育，持续抓好党史学习教育，加强爱国主义、集体主义、社会主义教育，持续深化党的领导、社会主义先进文化、革命文化、中华优秀传统文化等各类主题教育；新时代的伟大实践成就和时政要闻、重大活动、乡村振兴、抗击疫情、奥运精神等方面形成的教育资源。思政教育也应该包括其他国家和地区的思想和理论，以帮助学生更全面地了解世界各种思潮和观点。其次，思政教育应该注重培养学生的批判思维和辨析能力。学生应该被鼓励自主思考、质疑和辩论，而不仅是被动接受知识。通过开展讨论、辩论和研究等活动，培养学生批判性思维和独立思考的能力。最后，思政教育还应该关注当前社会、经济和文化的变化，使

---

① 习近平：《思政课是落实立德树人根本任务的关键课程》，《求是》2020 年第 17 期。

其与学生的实际生活联系起来。这意味着思政教育应该关注当前的社会问题、价值观念和道德伦理等内容，以帮助学生理解和应对现实挑战。因此，深度依托数字化技术，提高高校思想政治教育的效果和质量，打破单一化的教育内容，引入更多与现实生活、社会热点相关的内容，采取更多元化的教育形式，关注学生的个体差异和实际需求，以激发学生的学习兴趣和参与度，提高教育的针对性和实效性，这是未来高校思政教育模式创新的基本方向之一。

二是教育形式呆板化，主要体现为数字化时代多元先进的技术手段与单向的知识传授方法之间的矛盾。传统的教学模式和教育理念在适应数字化时代的过程中明显存在一定的滞后性。生动活泼的优质课程资源、丰富多元的社会实践资源以及不断更新的数字化资源平台尚未很好地融入思政课堂之中。首先，高校思想政治教育普遍采用传统的课堂教学模式，以教师讲授这种单向的教学方式为主，学生被动接受，缺少与学生之间的互动性和参与性，学生难以主动参与其中，进而导致缺乏思考和创新，以致思想政治教育工作的成效很不理想。其次，一些高校思政教育仍停留在传统的教材和课件上，未能充分利用数字化技术来丰富教学内容和形式。这不仅使教育内容显得单调乏味，教育形式过于僵化机械，也难以满足学生对于多元化、个性化学习的需求。最后，一些高校思政教育在数字化时代的背景下，未能及时更新教育理念，过分强调知识的灌输和应试能力的培养，而忽略了学生思辨能力、创新能力和实践能力的培养。这种教育理念下的思政教育形式也显得呆板。这种呆板化的教育形式往往导致学生对思想政治教育产生厌倦和抵触情绪，缺乏学习的兴趣和动力。学生难以真正理解和掌握思想政治理论知识，更难以将其应用于实际生活和工作中，导致高校思政教育收效甚微。

三是教育目标模糊化，主要体现为思政课强化意识形态安全、树立总体国家安全观的迫切性与社会思潮趋于多元化、虚无化之间的矛盾。数字化是一把双刃剑，如若使用不当或缺乏有效的监管和控制，极有可能对高校学生产生负面影响。数字化时代是信息爆炸和价值观更加多元化的时代，高校思政教育所面临的环境变得更加复杂。面对良莠不齐的海量信息，很多尚处在价值观形成和确立时期的青年学生会有迷茫彷徨、不知所措的感觉，在这种情况下，高校需要明确思政教育的目标和定位，以更好地引导学生树立正确的世界观、人生观和价值观。习近平总书记强调："青少年阶段是人生的'拔节孕穗期'，这一时期心智逐渐健全，思维进入最活跃状态，最需要精心引导和栽培"。"办好思政课，就是要开展马克思主义理论教育，用新时代中国特色社会主义思想铸魂育人，引导学生增强中国特色社会主义道路自信、理论自信、制度自信、文化自信，厚植爱国主义情怀，把爱国情、强国志、报国行自觉融入坚持和发展中国特色社会主义事业、建设社会主义现代化强国、实现中华民族伟大复兴的奋斗之中。"[①] 目前，有些高校思政教育在数字化时代下过于注重形式和手段的创新，而忽略了教育目标的明确性和针对性。这可能导致教育效果不佳，学生因此对思政教育的内容和意义缺乏深入的理解和认同。2023年5月29日，习近平总书记在二十届中央政治局第五次集体学习时指出，"要坚持不懈用新时代中国特色社会主义思想铸魂育人，着力加强社会主义核心价值观教育，引导学生树立坚定的理想信念，永远听党话、跟党走，矢志奉献国家和人民。"高校思想政治教育目标应该是培养学生的思想政治素质，但是在具体实施过程中，往往会偏离这一目标，变成了简单的灌输和应试教育，教育的实效性和针对性被不同程度忽略，学生的学习特点和实际需求难以得到有效满足。在高校思想政治教育

---

① 习近平：《思政课是落实立德树人根本任务的关键课程》，《求是》2020年第17期。

过程中，教育目标不够清晰、具体，缺乏明确性和可操作性。这可能导致教育者在教学过程中缺乏方向性和针对性，无法有效地实现思想政治教育的目标。具体来说，如果高校思想政治教育的目标不够明确，教育者可能会陷入一种"为了教育而教育"的误区，而忽视了教育的真正目的和意义。同时，由于缺乏明确的目标，教育者也难以制定具体、可行的教育计划和方案，无法有效地指导和评价学生的学习成果。

四是教师专业水平不高，主要体现为思政教学任务的高要求与思政课教师专业化水平不高之间的矛盾。习近平总书记强调"办好思想政治理论课关键在教师，关键在发挥教师的积极性、主动性、创造性"，并对思政课教师提出了政治要强、情怀要深、思维要新、视野要广、自律要严、人格要正的要求。因此，高校思政教师的任务重要而又复杂艰巨。2022年7月25日，教育部等十部门印发的《全面推进"大思政课"建设的工作方案》提出目前"大思政课"建设的难题："一些地方和学校对'大思政课'建设的重视程度不够，开门办思政课、调动各种社会资源的意识和能力还不够强，课程教材体系还需要进一步完善，有的学校教师数量不足、质量不高，对实践教学重视不够，有的课堂教学与现实结合不紧密，大中小学思政课一体化建设亟须深化，有的学校第二课堂重活动轻引领，课程思政存在'硬融入''表面化'等现象"，这些难题相当程度上与思政教师专业水平不高息息相关。思政教师专业水平不高又导致相关的思政教学工作难以铺展实施，例如教研队伍建设、教研方式方法、课程思政水平、德育工作途径以及校园文化建设，等等。2019年3月18日，习近平总书记在学校思想政治理论课教师座谈会上指出："'经师易求，人师难得。'教师承载着传播知识、传播思想、传播真理，塑造灵魂、塑造生命、塑造新人的时代重任。思政课教师，要给学生心灵埋下真善美的种子，引导学生扣好人生第一粒扣子。"习近平总书记将"政治要强"放在对新时代思政课教师总要求的首位。目前，部分高校思想政治课程的教师素质不高，严重影响了教育教学质量。高校思想政治教育领域，部分教师的专业素养和能力不足，无法胜任思想政治教育工作的要求。具体来说，一些高校思想政治教师缺乏扎实的专业知识和理论素养，无法深入理解和解释思想政治教育的核心概念和理论。同时，他们也缺乏有效的教学方法和手段，无法激发学生的学习兴趣和积极性，影响学生对思想政治教育的接受和理解，降低教育的质量和效果，导致教学效果不佳。

面对新时代、新任务、新要求，必须坚持以习近平新时代中国特色社会主义思想为指导，紧密结合时代需要和经济社会发展要求，准确把握新时代高校思想政治工作的着力点，凸显其立德属性和树人功能，切实培养和造就德智体美劳全面发展的社会主义建设者和接班人。2019 年，中共中央办公厅、国务院办公厅印发《关于深化新时代学校思想政治理论课改革创新的若干意见》指出："面对新形势新任务新挑战，有的地方和学校对思政课重要性认识还不够到位，课堂教学效果还需提升，教材内容不够鲜活，教师选配和培养工作存在短板，体制机制有待完善，评价和支持体系有待健全，大中小学思政课一体化建设需要深化，民办学校、中外合作办学思政课建设相对薄弱，各类课程同思政课建设的协同效应有待增强，学校、家庭、社会协同推动思政课建设的合力没有完全形成，全党全社会关心支持思政课建设的氛围不够浓厚。办好思政课，要放在世界百年未有之大变局、党和国家事业发展全局中来看待，要从坚持和发展中国特色社会主义、建设社会主义现代化强国、实现中华民族伟大复兴的高度来对待。思政课建设只能加强、不能削弱，必须切实增强办好思政课的信心，全面提高思政课质量和水平。"

无论是客观形势还是国家政策，数字化时代高校思政的模式创新已经具备了最基础的技术载体与最坚实的政策支持。高校推进思政模式创新要做到与时俱进、大胆突破、勇于创新。学生情况各异，思想政治教育不能搞大而化之的"一刀切"模式，需要辩证对待、注重实效，我们要从源头上密切把握当代大学生的思想政治概况，着手区分教育载体、教育内容，在坚持政治方向与办学原则的基本前提之下，保持思政教育模式创新的开放性，允许实现思想政治教育模式的差异化和多元化，尤其是疾驰而来的"互联网+""微时代"为思想政治教育提出了新难题和新挑战，这一方面要求教育工作者要努力将传统的思想政治教育和崭新的数字化技术高度融合，使思政工作活起来，提升时代感和吸引力；另一方面要努力突出思想政治教育的人格性和人文性，继续探索思想政治教育的新模式。2019年3月18日，习近平总书记在学校思想政治理论课教师座谈会上谈及思政教育的第三个问题：推动思想政治理论课改革创新，不断增强思政课的思想性、理论性和亲和力、针对性。他指出："改革创新是时代精神，青少年是最活跃的群体，思政课建设要向改革创新要活力。如果做一天和尚撞一天钟，照本宣科、应付差事，那'到课率'、'抬头率'势必大打折扣。很多学校在思政课上积极采用案例式教学、探究式教学、体验式教学、互动式教学、专题式教学、分众式教学等，运用现代信息技术等手段建设智慧课堂等，取得了积极成效。这些都值得肯定和鼓励。"[①]

第二节 数字化时代高校思想政治教育模式的创新思路

优质的教育离不开先进的技术和媒介，也离不开作为实践先导

---

① 习近平：《思政课是落实立德树人根本任务的关键课程》，《求是》2020年第17期。

的创新思路，这两者不可偏废，尤其是在推进高校思想政治教育的创新实践之前，需要树立崭新的思政教育思维，并明确模式创新的具体思路。目前，学术界对数字化与高校思想政治教育模式创新两者之间的关系存在的认知误区即是始终将数字化对高校思想政治教育带来的影响停留在技术层面进行把握，仅仅触及两者的简单拼接层面，尚未从更深刻的观念变革的维度探索两者之间的有机融合。随着数字化时代的来临，大数据、云计算、人工智能等新技术日益成为影响教育领域的重要力量。面对这样的时代背景，高校思想政治教育亟须寻找创新思路，以应对新的挑战和机遇。党的二十大报告提出："推进教育数字化，建设全民终身学习的学习型社会、学习型大国。"习近平总书记关于教育数字化发表了多次重要论述，深刻地阐释了将数字化与教育相融合的重要性，揭示了数字化与教育之间的密切联系，为中国下一步推进数字化时代的教育强国建设指明了根本方向、提供了有力支撑。教育数字化是衡量教育强国战略的重要指标之一，其本质是运用现代科技手段，整合优质教育资源，赋能教育教学。[1]

习近平总书记指出，推动思想政治理论课改革创新，要不断增强思政课的思想性、理论性和亲和力、针对性，并提出了"八个相统一"的明确要求：（1）要坚持政治性和学理性相统一，以透彻的学理分析回应学生，以彻底的思想理论说服学生，用真理的强大力量引导学生；（2）要坚持价值性和知识性相统一，寓价值观引导于知识传授之中；（3）要坚持建设性和批判性相统一，传导主流意识形态，直面各种错误观点和思潮；（4）要坚持理论性和实践性相统一，用科学理论培养人，重视思政课的实践性，把思政小课堂同社会大课堂结合起来，教育引导学生立鸿鹄志，做奋斗者；（5）要

---

[1] 熊璋、武迪：《教育强国建设背景下人工智能赋能教育创新的路径探索》，《人民教育》2023年第19期。

坚持统一性和多样性相统一，落实教学目标、课程设置、教材使用、教学管理等方面的统一要求，因地制宜、因时制宜、因材施教；（6）要坚持主导性和主体性相统一，思政课教学离不开教师的主导，同时要加大对学生的认知规律和接受特点的研究，发挥学生主体性作用；（7）要坚持灌输性和启发性相统一，注重启发性教育，引导学生发现问题、分析问题、思考问题，在不断启发中让学生水到渠成得出结论；（8）要坚持显性教育和隐性教育相统一，挖掘其他课程和教学方式中蕴含的思想政治教育资源，实现全员全程全方位育人。"八个相统一"为我们推进新时代思政课的改革创新提供了行动指南、指明了具体方向，高校思想政治教育模式的创新思路必须以此作为基本依托，不可偏离。

当前，面对高校思政教育变革的新形势，数字化已成为高校思想政治教育的最大变量，高校要擦亮传统思政教育优势的底色，牢固树立数字化思维，推动高校思政教育高质量发展，以改革创新的姿态应对挑战，掌握数字化方法并发现其价值，促进数字化与思想政治教育的融合发展。具体而言，高校思想政治教育模式创新必须紧跟数字化发展浪潮，在全员、全过程、全方位的育人理念中进一步借助全过程贯通、全息传输、全员参与、全程聚合的"四全媒体"强化数字赋能，坚持形式与效果并举、技术与内容协同，探索建立高校"思政指数"，边建边用边完善，不断提升思想政治教育的质量，促进高校思想政治教育创新发展。借助新媒体技术创新思想政治教育模式，推进思想政治教育与数字技术的融合，不断增强思想政治教育的吸引力，从而提高思想政治教育工作的实效性。总之，我们必须积极推进数字化与高校思想政治教育两者之间的有序融合，利用数字化赋能进一步激发高校思政教育的活力与效用，达到立德树人的目的。

一　构建有序融合理念

学术界对数字化与高校思想政治教育模式之间实现有序融合的认识经历了逐步推进、不断深化的过程，从"三全育人"理念到"四全媒体"理念，再到"大思政课"建设的提出，无论是思想政治教育主体、客体、内容、目标、方法、成效及过程都无一例外强调数字化的重要性，反映出党中央、国务院深化对思政教育模式创新认识的过程中始终将数字化作为用力推进的方向。

2016年12月7—8日，习近平总书记在全国高校思想政治工作会议上指出："要坚持把立德树人作为中心环节，把思想政治工作贯穿教育教学全过程，实现全程育人、全方位育人，努力开创我国高等教育事业发展新局面。"2017年2月27日，中共中央、国务院印发了《关于加强和改进新形势下高校思想政治工作的意见》，提出"坚持全员全过程全方位育人"。"三全育人"即全员、全过程、全方位育人，其理念的核心是把思想政治教育贯穿于大学生教育、教学工作的全过程和各个环节，推动高校思想政治工作更好地适应和满足学生成长诉求、时代发展要求和社会进步需求。2017年2月27日，中共中央、国务院印发了《关于加强和改进新形势下高校思想政治工作的意见》，将"坚持全过程全方位育人"列为五大基本原则之一。

2019年1月25日，习近平总书记在十九届中央政治局第十二次集体学习时提出"四全媒体"："全媒体不断发展，出现了全程媒体、全息媒体、全员媒体、全效媒体，信息无处不在、无所不及、无人不用，导致舆论生态、媒体格局、传播方式发生深刻变化，新闻舆论工作面临新的挑战。我们要因势而谋、应势而动、顺势而为，加快推动媒体融合发展，使主流媒体具有强大传播力、引导力、影响力、公信力，形成网上网下同心圆，使全体人民在理想信念、价值理念、道德观念上紧紧团结在一起，让正能量更强劲、主旋律更高昂。"①

2021年3月6日,习近平总书记在看望参加全国政协十三届四次会议的医药卫生界、教育界委员时正式提出"大思政课"的概念:"'大思政课'我们要善用之,一定要跟现实结合起来。""思政课不仅应该在课堂上讲,也应该在社会生活中来讲。"②"大思政课"是学校思想政治教育的新理念、新方法与新格局,要求思政课必须遵循教育规律和人才培养规律,充分吸收社会生活中的教育元素,运用现实社会生活素材不断丰富思政课内涵,创新教学方法,并通过工作力量的大调动、资源要素的大调配与体系结构的大调整,促进思想政治教育要素有效整合、体系机制优化完善,以求提高思政课教学效果的做法及其形成的课程格局。③ 习近平总书记的论断表明,不能够用单向、一维的机械思路去看待思政课建设,必须充分打开思路,整合思政教育要素,尤其注重方式方法的创新。因此,推进"大思政课"建设、创新高校思政课模式必须先构建有序融贯的理念。

融合是数据本身的最大价值,也是数字化与高校思政教育模式实现有序融合的基本前提。数据本身原无太大价值,然而通过分析、加工和处理数据可以发现和理解信息内容及不同信息之间的联系。数据数量越大意味着越有可能实现有效整合并从中分析出有重大价值的信息。数字化时代面临的最根本挑战是从数据中凝练可被领悟的知识,其关键技术是数据的集成或融合④,如深

---

① 《推动媒体融合向纵深发展 巩固全党全国人民共同思想基础》,《人民日报》2019年1月26日第1版。

② 《"'大思政课'我们要善用之"》,《人民日报》2021年3月7日第1版。

③ 王学俭、施泽东:《"大思政课"的科学蕴意和实践理路》,《中国教育报》2022年3月24日第5版。

④ Lenzerini M., "Data Integration: A Theoretical Perspective. Proceedings of the 21st ACM SIGMOD-SIGACT-SIGART Symposium on Principles of Database Systems (SIGMOD)", *New York*: ACM, 2002, pp. 233–246.

网数据集成技术、知识库技术、关联数据集成技术、大数据集成技术。只有做到充分融合，才能让大数据激发活力、释放价值。可以说，融合是大数据的价值所在，也是大数据未来的发展趋势。

融合是大数据发展的必要前提，是大数据发展的追求目标，同时也是大数据发展的结果。① 具体来说，大数据融合的任务是将碎片化的数据相联系，将分散的数据集中，形成表层知识，即知识资源；进而使隐性知识显性化，使表层知识上升为普适机理，从而在数据资源、知识资源与用户之间建立有效的联系，缓解数据的无限性、知识的零散性与用户需求无法满足之间的矛盾，最大限度地提升大数据的价值。② 中国信息技术经过多年以来的网格化发展，已初步发展出富有价值的海量数据，但目前各种数据之间仍然相互脱节、独立隐蔽，信息孤岛遍布，数据无法充分整合利用。大数据融合能够有效打破信息孤岛，让信息从零落分散走向协同集聚。当下，大数据正广泛地走进教育、媒体和平台领域。

"大数据+媒体"方面，大数据有利于更高效地捕捉、发掘新闻，催生出新的新闻产品，推进新闻报道往纵深发展。例如，2019年，科大讯飞副总裁于继栋说，借助科大讯飞的语音技术，一小时的录音，五分钟就可形成初始稿件，相比以前，一小时录音至少需两小时整理，记者有更多时间思考，新闻生产效率和质量都得到了大大提升。③ 同时，个性化服务方面，大数据能够更加精准地匹配用户需求，做到"千人千面"，高效推介用户感兴趣的内容，提升

---

① 《融合是大数据发展的最大特征和价值所在》，《中国日报》中文网，https://gz.chinadaily.com.cn/2018-05/27/content_36279043.htm。
② 孟小峰编著：《大数据管理概论》，机械工业出版社2017年版，第23页。
③ 《大数据成就更好的全媒体》，环球网，https://baijiahao.baidu.com/s?id=1634657995388696149&wfr=spider&for=pc。

宣传的针对性与精准度。

"大数据+平台"方面，主要提供的是数据加工和处理的能力，是一种通过内容共享、资源共用、渠道共建和数据共通等形式来进行服务的网络平台。目前，"大数据+平台"应用广泛、影响深远。在自然资源部的大力推动之下，截至2023年5月，中国已有40个智慧城市时空大数据平台建成，主要开展面向自然资源监测管理、城市精细化管理、交通和市场监管等400余项行业应用系统，为城市精细化、智能化管理以及促进数字经济发展和公众生活提供了实时、全面而又权威的时空基础依托。①

"大数据+安全"方面，随着大数据的广泛运用，各式各样的海量数据被汇聚集中，大数据发展与应用因此面临着复杂严峻的安全挑战。习近平总书记指出："要全面提升技术治网能力和水平，规范数据资源利用，防范大数据等新技术带来的风险。"② 2018年，全国信息安全标准化技术委员会发布《大数据安全标准化白皮书（2018）》，对大数据安全的定义作出两个方面的限定：一是保障大数据安全，即保障数据不被窃取、破坏和滥用，以及确保大数据系统的安全可靠运行。这就需要构建包括系统层面、数据层面和服务层面的大数据安全框架，从技术保障、管理保障、过程保障和运行保障多维度保障大数据应用和数据安全。二是利用大数据保障网络空间安全，即将大数据技术应用于网络安全行业。大数据是实现网络空间安全保障的重要技术。综合考虑当前大数据应用的特点，利用大数据技术构建网络空间安全防护体系，建设以数据为核心的安全防护系统，集成态势感知、人工智能综合分析等功能，利用大数据技术工具，将传统的事中检测和事后响应防御体系转变为包括事

---

① 《40个智慧城市时空大数据平台建成　开展400余项行业应用系统》，《人民日报》2023年5月18日第4版。

② 习近平：《加快推动媒体融合发展》，载中共中央党史和文献研究院编《习近平关于网络强国论述摘编》，中央文献出版社2021年版，第84页。

前评估预防、事中检测和事后响应恢复的全面安全防护体系，为网络空间安全带来新的管理理念和技术创新，从而大幅提升网络空间安全治理能力。①

　　科学的方式方法是思政课讲好道理的关键所在。坚持守正和创新相结合，让传统方法优势与现代方法相得益彰，实现育人方式的融合互补。一方面，坚持守正本色，思政课要遵循教育规律，充分运用好"传道、授业、解惑"的传统课堂育人方式，并在课堂讲授的实践中推陈出新，彰显课堂教学的神圣性和严肃性；另一方面，坚持融合创新，善用现代信息技术。一是要加强教育方式融合，创新线上线下教育教学方式。单纯的课堂教学受时间和空间限制，受众面和影响力有限。新时代要借助大数据技术优势，利用数字化手段建立线上线下一体化的教学模式，让优质思政课教育惠及更多群体，发挥更持久效益。二是要加强媒介平台融合，增强学习的趣味性和有效性。青年学生思维新，接受新事物的能力强，对新媒体的感知能力快，要运用多种手段加强与学生沟通互动，提高学生参与课堂教学的积极性，增强学习兴趣。三是要加强技术手段融合，推进教育方式的改革创新。随着人工智能、虚拟技术在多领域的广泛运用，思政课必须与时俱进，借助现代信息技术创新育人方式，建立起智能化虚拟性的学习互动新型育人场景，使学生获得亲身体验感，增强思政课育人实效。

二　树立数据化思维

　　2016年12月，习近平总书记在全国高校思想政治工作会议上指出思政工作本质上是做"人"的工作，必须有效提升思政工作的针对性："思想政治工作从根本上说是做人的工作，必须围绕学生、

---

① 全国信息安全标准化技术委员会、大数据安全标准特别工作组：《大数据安全标准化白皮书（2018）》，2018年，第5页。

关照学生、服务学生，不断提高学生思想水平、政治觉悟、道德品质、文化素养，让学生成为德才兼备、全面发展的人才。高校思想政治工作有丰富的内容，但要注重联系学生思想实际，有针对性地回答一些综合性、深层次的理论和认识问题。"

学界从不同的角度对思想政治教育进行解读，因此目前思想政治教育的定义多种多样，但总的来说可以认为，思想政治教育是思想政治教育者依据一定的思想观念、政治理论与道德规范，有目的、有计划和有组织地对思想政治教育的对象施加影响，使他们形成符合一定社会标准和要求的思想品德的社会实践活动①，其目的在于解决人的思想问题，满足人的精神需求，实现人的思想进步。因此，思想政治教育本身就具备以人为本的属性。随着高校思想政治教育实践与场域的不断丰富，个性化思想政治教育逐渐受到瞩目。习近平总书记指出，"加快发展伴随每个人一生的教育、平等面向每个人的教育、适合每个人的教育、更加开放灵活的教育。"②数据化时代的个性化思想政治教育是指利用数据化技术手段，在个体思想行为数据进行整理分析的基础上，精确把握个体差异化的问题和需求，采用符合个体个性特征的内容、形式、方式、方法，开展思想与情感的交流互动，引导个体认同社会主流的思想观念、政治观点、道德规范，促进个体知、情、意、信、行均衡协调发展和个性全面自由发展的教育模式。③ 该理念强调尊重个性意识，解决

---

① 张耀灿、陈万柏主编：《思想政治教育学原理》，高等教育出版社 2001 年版，第 4 页；苏振芳主编：《思想政治教育学原理》，厦门大学出版社 2000 年版，第 5 页；卢文忠：《试论主体性德育的建构理路》，《黑龙江高教研究》2006 年第 8 期。

② 中共中央党史和文献研究院编：《习近平关于网络强国论述摘编》，中央文献出版社 2021 年版，第 166 页。

③ 参见高军、王秋辉《拔尖创新人才个性化思想政治教育路径探赜》，http://www.71.cn/2023/1107/1213155.shtml；陈虹《新时代高校大学生思想政治教育工作创新路径探索》，光明网，https://m.gmw.cn/toutiao/2022-06/12/content_35804539.htm；王宁《"数智"时代大学生思想政治教育路径探析》，光明网，https://reader.gmw.cn/2023-09/14/content_36833034.htm。

个性化问题以强化思想政治教育的实效性进而促进个性化发展、增强思想政治教育的时代感[1]，其实质是尊重差异、以人为本。

数据化的飞速发展和广泛应用，为高校精准掌握在校学生的学习生活动态和开展个性化教育提供了最基础的技术支撑。首先，数据采集的全面性有助于精准把握学生的个性特点，包括学生的基本信息，如年龄、性别、家庭背景等，也包括学生的学习成绩、课堂表现、课外活动参与情况等。此外，还应关注学生的心理健康状况、兴趣爱好、社交能力等非学术性信息。尽管相关数据的总量十分庞大，但大数据技术在采集数据、分析数据方面具有独特优势，数据能够实现实时、快速地传递和流动，是提升思政课理论教学质量的重要参照。其次，在充分掌握海量数据基础上进行分析，有助于提升对学生思想动态的即时监测效率。[2] 在数字化技术助力之下的高校思想政治教育，将教学内容进行"数据化"，制表进行量化分析。高校思想政治教育内容数据化主要表现为：文字的数据化，即思想政治教育工作者可以通过阅读文字、运用大数据分析软件进行分析；方位的数据化，即对学生的行为走向进行分析，包括学生去了哪里、见了谁，从而预测出他将来的行为；沟通信息的数据化，即了解学生的人际关系、经历和情感；所有信息的数据化，为阅读与分析提供有力保证。[3] 大数据技术使实时获取学生的动态信息成为可能，可以说，对学生思想行为动态的把握从"定性"的粗疏判断逐步转化为"定量"的深入解析。通过对这些海量的学生数据包括学习成绩、课堂互动、在线行为的深入分析，教育者可以更加及时、准确地了解学生的思想动态和变化趋势。这种即时监测有

---

[1] 参见王荣、陈军绘《构建个性化思想政治教育模式的价值指向与实践策略》，《学校党建与思想教育》2023年第7期。
[2] 唐斯斯等：《智慧教育与大数据》，科学出版社2015年版，第126页。
[3] 徐原等：《"互联网+"时代高校思想政治教育创新研究》，燕山大学出版社2022年版，第257页。

助于教育者及时发现学生的困惑、疑虑或情绪变化，从而采取相应的措施进行干预和引导。最后，大数据技术能促使思政课程推行以人为本的按需学习。大数据技术能够实现对学生学习进度的实时监控和反馈，通过对学生学习数据的分析，教育者可以及时了解学生的学习情况，发现学习中的问题和困难，从而为学生提供及时的帮助和指导。同时，海量的优质教育资源在大数据技术的整合之下传送到云端实现共享，为学生提供课堂之外的多元学习途径，学生可以根据自身的学习特点和个人偏好，择取与思政课配套的各类在线学习渠道，充分利用公开课、MOOC、精品课、微课等网络课程资源。[①] 无论是需求侧还是供给侧，大数据技术均能实现结构优化、内容优质，这种个性化的供给与反馈机制有助于提升学生的学习效果，促进学生的全面发展。

三 强化精准教育思维

"精准思政"是思想政治教育的新形态，是"精准"思维、"精准"理念在思想政治教育领域的延展，也是对数字化时代思想政治教育发展新要求的积极回应。精准教育思维是推进数据化与高校思想政治教育融合的必然要求，也是树立尊重个性意识的必要延伸，意在尊重个性的基础上实现精准育人。2017 年 12 月 5 日，教育部印发《高校思想政治工作质量提升工程实施纲要》，强调要"坚持问题导向，注重精准施策"的基本原则，"聚焦重点任务、重点群体、重点领域、重点区域、薄弱环节，强化优势、补齐短板，加强分类指导、着力因材施教，着力破解高校思想政治工作领域存在的不平衡不充分问题，不断提高师生的获得感。" 2018 年 4 月 13 日，教育部发布《教育信息化 2.0 行动计划》，明确要推动思想政治工作依托前

---

① 李新铭、林芳：《大数据环境下创新高校个性化思想政治教育的机遇、挑战与对策》，《科教文汇》2023 年第 11 期。

沿信息技术积极实现精准化发展，充分利用云计算、大数据、人工智能等新技术，构建全方位、全过程、全天候的支撑体系，助力教育教学、管理和服务的改革发展。2019年8月14日，中共中央办公厅、国务院办公厅印发《关于深化新时代学校思想政治理论课改革创新的若干意见》，提出要"大力推进思政课教学方法改革，提升思政课教师信息化能力素养，推动人工智能等现代信息技术在思政课教学中应用"[1]。基于这样的政策背景与实践路径，有学者指出"精准思政"的诞生正是传统思政教育与信息技术相互融合的结果，离不开数字化技术的助力："精准思政教育理念的产生，是传统思想政治教育与信息新技术碰撞融合的结果，'精准'实际上是如何实现具体问题具体分析的问题，是如何通过个性化教育实现个体个性化发展的问题，这一理念曾一直是我国思想政治教育所探索的理想教育模式和目标"[2]，可以说，数字化技术重新激发了传统思政教育的活力，实现了信息和方向的精准识别、内容和载体的精准定制、实施和推进的精准滴灌、状态和效果的精准评估，进而使精准把握学生的思想动态从而更有针对性地开展思政工作重新成为可能。[3]

首先，精准思政充分整合技术与思政的各个要素，提升了思政基本指向的精准度。精准思政各个要素之间科学有效运行的目标是契合大数据时代要求，适应智能化发展趋势，把握新型媒介传播规律，在网络信息化技术的动能引领下，推动思想政治教育更加精细化、精准化发展。[4] 通过大数据的分析，教育者可以更加精确地了

---

[1] 中共中央办公厅、国务院办公厅：《关于深化新时代学校思想政治理论课改革创新的若干意见》，https：//www.gov.cn/zhengce/2019-08/14/content_5421252.htm？eqid=b3c17b1d0001dba10000000664573149。

[2] 王妙妙、纪建强：《精准思政探析》，《高教论坛》2022年第8期。

[3] 王学俭、赵文瑞：《课程思政、精准思政、微思政的概念、构成和运行机理探析》，《新疆师范大学学报》（哲学社会科学版）2023年第1期。

[4] 王学俭、赵文瑞：《课程思政、精准思政、微思政的概念、构成和运行机理探析》，《新疆师范大学学报》（哲学社会科学版）2023年第1期。

解教育对象的需求、兴趣、学习习惯等个体差异，从而实现因材施教。这不仅能够提高教育的针对性和有效性，还可以让教育对象感受到被关注和尊重，从而增强教育的亲和力和吸引力。同时，人工智能的应用可以帮助教育者实现更加智能化的教学辅助，展开个性化推送，如智能推荐学习资源、智能评估学习效果等。这不仅可以减轻教育者的教学负担，还能提高教育的效率和准确性，从而更好地满足教育对象的学习需求。其次，精准思政有利于优化思政教育的"供给侧"与"需求侧"，内容供给更具针对性。例如，借助大数据分析，可以了解不同学生的学习风格、兴趣爱好和背景知识，从而为他们提供个性化的教育内容。这种定制化的教学方法能够确保每个学生都能接触到与他们最相关、最感兴趣的学习材料，从而提高他们的学习积极性和参与度；人工智能系统可以实时收集学生的学习数据，包括学习时长、完成度、互动频率等，通过算法分析这些数据，系统可以判断学生的学习状态和效果，从而为教育者提供反馈。教育者可以根据这些反馈动态调整教学内容和策略，确保教学效果的最大化。

第三节　运用数字化技术建构思政教育新模式

思想政治教育模式是指在思想政治教育过程中，为了实现一定的教育目标，教育者采用的一系列教育方法、手段、途径和策略的总和，这些方法和策略旨在引导受教育者的思想、行为和价值观，以促进其全面发展。随着技术的发展和受教育者的变化，思想政治教育模式也需要不断更新和完善，以适应新的形势和需求。数字化时代，数字技术作为一种方法贯穿于高校思政教育的全过程，推动着高校思政教育的创新发展，打破了原有的"师传生受"的教学模式及主客体关系结构。随着教育者的主体地位被削弱，作为客体的受教育者的主体性则增强。他们可以利用数字技术获取自身感兴趣的海量信息与知识，不再单一依靠教师的引导接受教育内容，因而在选择上更加具有自由度和选择权。

如前所述，在数字化、信息化浪潮推动下，数字化技术已经开始逐步应用于高校思想政治教育工作当中，数字技术的飞速发展赋予了高校师生更多的表达权和参与权，学生也由信息的被动接受者变成主动分享者、传播者、监督者、评论者等多重身份。一方面，思想政治教育离不开数字化，高校在开展思想政治教育工作时，必须改变传统的教育理念，强化数字化思维，树立数字化时代背景下的主体间性教育理念，打破教育者与受教育者之间的壁垒，以平等的身份进行双向互动沟通交流，实现思想政治教育的创新发展。数字化技术与思政教育从"整合"已走向"深度融合"。[①] 数字化技术与思政教育的深度融合不仅进一步优化了思想政治教育的结构、整合了思想政治教育的资源，同时潜移默化地重塑了思想政治教育工作中的主客体关系，而且为未来思政教育模式的创新与发展提供了全新的路径选择与发展方向，开辟了更为广阔的进步空间与更加多元的可能性。

另一方面，我们仍要意识到，当下数字化与高校思想政治教育实践的融合仍存在部分技术瓶颈，这是未来高校思想政治模式创新需要力图克服的难题与陷阱，目前主要还存在三方面的问题：（1）结构化与非结构化数据界限不清晰，收集处理两种数据信息没有统一的标准，导致数据在集成时失真；（2）数据的筛选较为困难，尤其是大学生在网络活动中形成的语音信息、视频信息、文本信息等复杂的非结构化数据很难被分析。教育者在甄别数据的价值

---

① 唐爱民：《从"整合"到"深度融合"的课堂生态改变》，《中小学信息技术教育》2015 年第 11 期。

方面，需要专业部门、团队以及专家的协助配合，否则无法进行；（3）分析与处理大学生思想信息数据的技术还比较滞后，需要继续提升优化。破解上述技术难题，是推进高校思想政治教育创新的关键。① 综上所述，高校思想政治教育模式创新需要扬长避短，既要保有思政教育的使命与底色，积极利用数字化技术提质增效，又要克服数字化的消极影响。

一 智慧课堂"云—台—端"混合式教育模式

混合式教学，即以教与学的具体问题为起点，在融合各种理论、方法和技术的前提之下，在"以学习者为中心、关注学习者多元智能的培养"理念指导下，将在线教学和传统教学的优势结合起来的一种"线上"+"线下"的全新教学方式，通过两种教学组织形式的有机结合，可以把学习者的学习由浅到深地引向深度学习，主要目的是提高教学的实际成效。迈克尔·霍恩和希瑟·斯泰克指出："混合式学习是一种正规的教育项目，学习的过程需包含一定的在线学习环节，在线学习的时候学生可自主设定学习时间、地点和步调等；还有部分学习活动需安排在受监督的线下实体地点进行；学生的学习路径内容要与整体的学习体验有关联。"② 《地平线报告 2020：影响未来教学的 15 种关键趋势》指出："在线教育越来越被视为一种可扩展的方式，为越来越多的非传统学生提供课程。教师必须准备好应对在线、混合和面对面的教学模式。高等教育机构正在转向在线课程的新模式，如评估（能力）和学分（微

---

① 冯多、李大棚：《大数据驱动高校思想政治教育创新的活力、困境及进路》，《现代教育管理》2022 年第 7 期。

② ［美］迈克尔·霍恩、［美］希瑟·斯特克：《混合式学习：用颠覆式创新推动教育革命》，聂风华、徐铁英译，机械工业出版社 2015 年版，第 32—33 页。

证书和数字标识）。"①

智慧课堂的架构为"云—台—端","云"指的是智能云服务，包括智能资源服务和智能评测服务。智能资源服务是利用智能管理、智能检索、智能推荐等技术，为智慧课堂提供教学内容资源、数据信息资源等；智能评测服务是利用学习分析、数据挖掘等技术对全过程实时采集的数据进行处理分析，提供对教学的形成性评价、总结性评价和诊断性评价。"台"指的是教室智能平台，主要功能是对课前、课中、课后全过程沟通交流和信息服务提供支持，为课堂教学流程提供帮助，是通信中枢、数据中心、能力中心、控制中心。"端"指的是智能终端，由硬件和软件组成，通常分为教师端、学生端、管理端、家长端、环境端等。硬件包括各类教学应用终端设备，如智能手机、Pad、笔记本电脑、台式电脑、可穿戴智能设备等；软件包括实现教学、学习、管理等各类应用功能的教学应用软件。智慧课堂"云—台—端"的整体架构，可以为学生创设网络化、数据化、交互化、智能化的学习环境，并支持线上线下一体化、课内课外一体化、虚拟现实一体化的全场景教学应用，从而推动学科智慧教学模式创新，实现个性化学习和因材施教，促进学习者转识为智、智慧发展。②

智慧课堂"云—台—端"混合式教育模式是高校思想政治教育改革与发展的方向之一，既实现了思想政治理论课与现代化教学技术的有机融合，又实现了教师的主导性与学生的主体性相统一。混合式教学结合了现代化教学理念与高校思想政治理论课，使高校思

---

① 《地平线报告 2020：影响未来教学的 15 种关键趋势》, http://www.edusoho.com/info/3606/show。
② 参见刘邦奇《智慧课堂生态发展：理念、体系构成及实践范式——基于技术赋能的智慧课堂理论与实践十年探索》，《中国电化教育》2022 年第 10 期；孙真福《教育出版融合发展探究》，江苏凤凰教育出版社 2020 年版，第 98 页；孙曙辉、刘邦奇《智慧课堂》，北京师范大学出版社 2016 年版，第 58—81 页。

想政治理论课紧跟时代的步伐，在实践中得以拓展与完善。高校思想政治理论课混合式教学主要体现在前文述及的"线上"+"线下"的混合式教学形式上，突出的表现就是突破了传统思政教育的时空限制，融合了教学地点的多样性，不仅包括突破地点限制的线上教学云端，而且包括线下的常规课堂，除在课堂以外，学生学习的时间与教师指导的时间变得更加灵活。有学者指出："混合式学习，应该包含混合和学习两个要素，其中混合是学习方式、途径的多元化，而学习则是对内容知晓、理解、掌握的过程。混合式学习可以包含学习内容、学习方式、学习途径、学习过程的多元混合，其最终目的就是完成对知识的吸收与内化。在这个过程中，学习资源是核心，只有构建完整的学习资源体系，才能真正推行混合式学习。"[①] 混合式学习模式是将传统线下课堂教学模式与线上教育相互融合，取两种模式的教育优势，以满足不同学生差异化的学习诉求。它不仅能够有效解决学习者学习过程中的诸多问题，还能够根据学习者的实际情况形成适合不同学习者的稳定模式。混合式学习包含在线学习部分、在受监督的实体场所的学习部分以及整合式的学习体验三个部分，其最终目的就是完成对知识的吸收与内化。从教师层面来说，高校思政课混合式教学模式更加强调教师团队积极开展教学改革，而非某个教师独立完成教学过程，并可以从思想政治的特点出发，根据形势与时事变化，及时更新线上教学资源。在这种混合式教学模式中，学生因此更加能够体验自主学习的乐趣，也可以在线与其他同学一起探讨学习，体验与他人合作学习的协作性，最为关键的是可以与教师及时沟通交流，让教师了解自己的疑惑，更好地解决这些问题。学生通过线上的自主学习能够更好地提升自己发现问题、分析问题、解决问题的能力，同时，结合线下教

[①] 韦伟：《基于混合式学习模式的学习资源建设》，《黄冈职业技术学院学报》2021年第6期。

学中教师面对面地对重点难点进行强调和深入讲解，以及积极开展与其他同学的交流讨论互动，加深大学生对高校思政课知识目标、价值目标、能力目标的认识，加强对自身价值观、人生观、世界观的培养，从而引导学生实现由书本知识的学习到运用书本知识解决实际问题，使高校思想政治理论课变得更加具有实践性，更加鲜活生动，充满趣味性与吸引力。[1]

二 虚拟仿真式教育模式

虚拟仿真教学是教育信息化飞速发展催生之下的新兴教学模式，它通过构建与现实世界极其相像的三维立体场景，设置丰富多样的形式，综合图片、文字、视频与声光色等多种要素，利用虚拟现实和仿真模拟技术，实现了操作对象与虚拟世界的交互，有效推动了教学改革。在虚拟仿真教学中，学生可以通过模拟实验、模拟操作等方式，从沉浸式学习中获取知识，实现对知识和技能的学习。这种教学模式突破了传统教育的时间和空间限制，使学生能够在更广泛的范围内进行自主学习，是一种集高效、经济、安全等优势于一体的教学模式。[2]

2012年3月13日，教育部印发《教育信息化十年发展规划（2011—2020年）》，提出要建设各级各类优质数字教育资源，其中的具体举措包括遴选和开发1500套虚拟仿真系统，标志着中国正式进入虚拟仿真教学新时代。2019年7月，教育部发布的《开展2019年度国家虚拟仿真实验教学项目认定工作的通知》首次增设

---

[1] 聂鑫等：《思想政治理论课混合式教学研究》，北京航空航天大学出版社2022年版，第1—4页。

[2] 参见尹隽等《虚拟仿真教学系统学习效果的影响因素研究》，《现代教育技术》2022年第1期；李雄、孙路遥《虚拟仿真教学的内涵、设计及应用》，《中国教育信息化》2019年第6期；刘亚丰等《教育信息化背景下虚拟仿真教学资源建设》，《实验科学与技术》2018年第2期；梁军、陈丽娇《虚拟仿真技术对高校思想政治理论课的影响——基于SWOT分析法》，《高教论坛》2018年第3期。

"马克思主义"类别的虚拟仿真实验教学项目。2019 年 8 月，中共中央办公厅、国务院办公厅印发的《关于深化新时代学校思想政治理论课改革创新的若干意见》再次强调推进思政课教学方法改革的重要性，"大力推进思政课教学方法改革，提升思政课教师信息化能力素养，推动人工智能等现代信息技术在思政课教学中应用，建设一批国家级虚拟仿真思政课体验教学中心。"① 2022 年，教育部印发《教育部高等教育司 2022 年工作要点》，提出"全面推进高等教育教学数字化"，该部分的具体举措提出："提升数字化应用能力。继续加大慕课建设力度，开发建设一批多介质、数字化、智能化、快速迭代的新形态教材。推进'虚拟仿真实验教学 2.0'建设，强化'实验空间'平台应用。"②

虚拟仿真教育模式主要运用 VR 技术，可以实现从平面叙事到立体场景叙事，将虚拟仿真、影音视听和在线学习集成在一起，形成更丰富、更直观、更形象的感官刺激的视听盛宴，为学生带来更具沉浸感的学习体验。相比传统媒介，VR 技术更能激发受众的移情效度。一方面，VR 技术可以实现学生身份意识的转变，从第三者视角迅速转变成见证历史的人物，甚至摇身一变成为历史人物本人，以第一人称的主体身份感知历史。这种模拟虚拟仿真使学生产生认知方面的共鸣，用直接代入的方式让学生在认知与情感方面得到极大的震撼。另一方面，借助视听融合的沉浸性与虚拟现实的亲密性，当学生进入 VR 思想政治教育场景时，能够建立独特的情感链接，不仅产生强烈的情感体验，而且强化感知，思想政治教育者一直追求的"共情与共振"因此传导给学生，学生具体的个人体验也更加直接而深刻地表达出来。目

---

① 中共中央办公厅 国务院办公厅印发：《关于深化新时代学校思想政治理论课改革创新的若干意见》，https：//www.gov.cn/zhengce/2019-08/14/content_5421252.htm。
② 《教育部高等教育司 2022 年工作要点》，http：//www.moe.gov.cn/s78/A08/tongzhi/202203/W020220310547779354544.pdf。

前，虚拟仿真教育模式已在实践中开始运用，并取得积极成效。不少高校依托当地的红色资源和 VR 技术，开始开发出系列数字思政教材，不同的教育主题场景烘托出不同的教育氛围，可以提升学生对地方四史（党史、新中国史、改革开放史、社会主义发展史）资源内在价值的共感、共情。

2021 年，河南师范大学开始建设虚拟仿真实验课程，积极探索"中国共产党革命精神虚拟仿真实验教学运用虚拟仿真实验教学"，打造了中国共产党革命精神虚拟仿真实验教学系统，将红旗渠建造过程以活动形式虚拟地展现出来，该课程依托虚拟现实、多媒体、人机交互、数据库和网络通信等技术，组织特定的教学体验活动。如在讲授"习近平新时代中国特色社会主义思想概论"课中的"社会主义核心价值观"这一知识点时，将红旗渠精神、大别山精神、延安精神等中国共产党革命精神在教学中虚拟呈现。学生得以在直观、生动、形象、逼真的图形、动画与三维场景中感受历史，体验红色文化，从而受到教育和启发。2021 年 6 月，北京理工大学建成全国首个沉浸式虚拟仿真思政课体验教学中心，该中心运用虚拟现实、人工智能、全息显示等技术，打造了集交互性、沉浸性、时代性和趣味性于一体的教学环境，让学生在"视听触"的虚拟仿真环境中体验中国共产党百年辉煌历程，完成"不同凡响"的思政课学习体验。[①] 中心将沉浸式虚拟仿真技术应用于思政课教学，推动 VR 思政真正走入课堂，成为提升思政课教学的有力手段。充分运用镜头语言，改变传统叙事教学模式，将教学内容编入历史事件的展示过程之中，让学生在"视听触"的虚拟仿真环境中体验中国共产党的百年辉煌历程。

---

① 《全国首个沉浸式的虚拟仿真思政课体验教学中心在北理工落成》，中国日报网，https：//cn.chinadaily.com.cn/a/202106/28/WS60d96c14a3101e7ce97575d3.html。

三　突破时空限制的全域"微思政"模式

数字化时代各类信息涌动，信息传播形式多种多样，在数字化技术的支撑下，一切可被利用的碎片时间都能被深度开发并影响受众，各种"微"产品因此大行其道，以微博、微信为核心衍生出的微小说、微电影、微访谈、微生活、微课程等"微"事物层出不穷，思想政治教育产品也呈现出"精微化""精细化"的特点，这也是未来思想政治产品发展的新趋势，"微思政"正是在数字化的背景中应运而生。"微思政"模式是一种新型的思想政治教育方式，主要利用新媒体平台，如微博、微信等社交媒体，以及各类移动应用，进行思政教育的传播和互动，突破了时空的限制。该模式以"微"为特点，注重内容的精炼和形式的创新，旨在通过短小精悍的信息传递，吸引受教育者的注意力，提高思政教育的吸引力和影响力。"微思政"并非传统意义上的"课"，而是从微观视角出发实施的一种即时渗透的思想政治教育供给。看似微小、细碎、随机随性，实为具体浓缩、精心设计、精准投放，涉及道德、思想、政治、心理、人性观和法制等教育的方方面面、点点滴滴。相对于传统思想政治教育工作而言，其价值和影响力是基于对受教育者的吸引力，激发受教育者主动学习的兴趣，给受教育者提供一个能自我实现幸福感的道德体验，从而实现思想政治教育最本初的功能，即有目的性、有计划性地对受教育者施加影响的活动，使人回归本性。[1]

"微思政"模式是创新思想政治教育工作的有益探索，也是遵循思想政治教育规律的客观要求。[2] 据《第 52 次中国互联网络发展

---

[1] 参见左殿升等《大学生网络思想政治教育研究》，人民出版社 2019 年版，第 414—415 页。

[2] 参见郑运旺《"互联网+"背景下的高校"微思政"模式》，《红旗文稿》2017 年第 3 期。

状况统计报告》显示，截至 2023 年 6 月，中国网民规模达 10.79 亿人，手机网民规模达 10.76 亿人，网民中使用手机上网的比例为 99.8%，10—39 岁群体占总体网民的 48.7%，20—29 岁的网民占比 14.5%，仅次于 30—39 岁这个年龄区间。[①] 现今的大学生可谓是与互联网共同成长的一代，属于典型的"网生代"，是移动互联网、新媒体时代的生力军。他们熟练运用着五花八门的自媒体和网络社交平台，创造着层出不穷的网络用语和网络技术，有着显著的个性化特征和对世界的独到见解。新媒体作为社会信息大平台的互联网媒介，对青年学生的思维方式、价值观念及使用行为产生了复杂的影响。可以说，网络空间已经成为引领青年思想的"主战场"、凝聚青年共识的"能量场"与汇聚青年力量的"强磁场"。

"微思政"模式具有以下突出特点：（1）微型化：内容短小精悍，形式灵活多样，适合在移动设备和社交媒体上传播。（2）互动性：注重学生的参与和反馈，鼓励他们在评论区留言、点赞、分享等，形成互动和讨论的氛围。（3）个性化：根据学生的需求和兴趣，提供定制化的思政教育内容，满足不同群体的学习需求。（4）实时性：及时发布最新的思政教育信息和热点话题，使学生能够及时了解社会动态和政策变化。在"微思政"模式下，教育者可以发布富有思想性、教育性和启发性的微内容，如短篇文章、图片、视频等，引导学生进行思考和讨论。同时，通过互动和反馈机制，教育者可以及时了解学生的思想动态和需求，调整教育内容和方法，实现思政教育的个性化和精准化。

"微思政"由数字化时代互联网技术飞速发展衍生而来，尤其依赖于各类"微传播"平台，因此我们要强化"微思政"平台的

---

① 参见中国互联网络信息中心《第 52 次中国互联网络发展状况统计报告》，2023 年，https://cnnic.cn/n4/2023/0828/c199-10830.html。

建设，助推高校思想政治教育路径。① 要跟上自媒体时代媒介技术的新趋势，就必须高度重视日新月异的新兴载体与教育平台、教育内容的融合。② "微思政"的开展不能仅仅依托现有的微课教学、钉钉与腾讯会议等教学平台，要更加重视其他微传播平台，如微信、微博、微视、抖音、快手及哔哩哔哩等平台，这些共同构成微传播矩阵，是"微思政"得以展开的基本平台依托。相较于传统的主流媒体传播平台，微传播平台传播内容更多、传播时效更快且传播范围更广，这也使微传播平台成为大学生获取外界信息的重要渠道之一。微传播平台的建设不仅要融合思想政治教育手段与新媒体技术，对思想政治教育方式进行感性化、视觉化、图像化重构，还需根据高校本身特色与地域特色进行精准定位，更要有针对性地对青年学生的概况进行多方调研，以学生为本，增强教育平台的互动性和内容的丰富性。③

"微思政"平台的建设是推进"微思政"模式的必要途径，然而也要意识到，对学生的价值观引导是"微思政"要达到的最终目的，因此内容建设与平台建设要同时进行，不可偏废，要重视"微思政"中的"微内容"，最大限度追求实质成效，打造契合学生需求的思政教育新生态。"微思政"的有效开展要依托生活化、时代性的思政教育话语，借助清新而有温度的话语表达。一是要用好"微语言"，"微语言"更加贴近学生的生活、更接地气，通俗易懂，各个网络平台惯用的轻松诙谐却又一针见血的语言和符号、表情包等形式往往最能表达学生的思想与喜恶，以此代替冗长枯燥的

---

① 赵冬颖：《探索微传播平台助推高校思想政治教育路径》，光明网，https://m.gmw.cn/baijia/2022-11/17/36166973.html。

② 廖卢琴：《自媒体时代高校"微思政"教育模式的现实困境及纾解之策》，《高教论坛》2023年第8期。

③ 刘玥：《新媒体时代高校"微思政"工作模式成效探析》，《思想政治教育研究》2022年第6期；廖卢琴：《自媒体时代高校"微思政"教育模式的现实困境及纾解之策》，《高教论坛》2023年第8期。

政治说教，必将使思政内容更具生命力与亲和力。二是要"微言大义"。"微语言"虽然风格通俗，但不能一味追求浅显，忽视内容建设。2022年4月25日，习近平总书记在中国人民大学考察调研时指出，"思政课的本质是讲道理，要注重方式方法，把道理讲深、讲透、讲活。"① 因此，运用"微语言"时要注重将客观理性分析和对事物本质的阐释用浅显、质朴的话语表达出来，增强解释力和说服力，以理服人。三是要以人为本，突出人文关怀。思想政治教育工作是做人的工作，目的是让学生成长为德智体美劳全面发展的人。思想政治教育是心灵的沟通，灵魂的碰撞，要表达真情实感，用生动故事讲好深刻道理，激发大学生对真善美的感悟和追求。②

综上所述，在高校思想政治教育创新中，我们要积极抓住数字化时代的机遇，充分发挥好以大数据、人工智能等为代表的数字技术在高校思政工作中的重要作用，以数字化赋能网络思政工作体系、内容、方式等全方位创新，不断增强大学生的体验感和获得感，助推新时代高校思想政治教育创新工作提质增效。③

---

① https://www.gov.cn/xinwen/2022-04/25/content_5687105.htm。
② 参见郑运旺《"互联网+"背景下的高校"微思政"模式》，《红旗文稿》2017年第3期。
③ 吴凡：《让数字化激活思政教育新生态》，《光明日报》2023年4月13日。

第四章

数字化时代高校思想政治教育话语创新

党的二十大报告提出的"加快建设数字中国"和"深入实施科教兴国战略",是数字化时代推进中国式现代化的重要引擎,"推进教育数字化"也首次写入"办好人民满意的教育"部分。新时代新征程,高校思想政治教育话语创新需要抓住数字化教育发展的趋势,深刻把握数字化与思想政治教育话语的契合性,积极探索高校思想政治教育数字化话语的理念、方法和路径,推进高校思想政治教育的话语创新。

数字化是教育信息化发展的必然趋势,是从网络化向智能化跃进的重要历史节点,通过对数字化、网络化、智能化等技术手段的应用和转化,推动教育、教学系统升级的过程。思想政治教育是社会发展进步的重要推动力量,思想政治教育话语作为实现意识形态政治教化的言语符号系统,在数字化时代,其话语的内容、话语的表达、话语的传播、话语的效果必然都会受到不同程度的冲击与影响。对于高校思想政治教育的话语创新而言,数字化发展延伸了教育的场域和空间,同时为规模化授课条件下面临的因材施教困境提供了新的解决路径,实现教和学的与时俱进。聚焦数字化时代的高校思想政治教育话语转型创新,核心议题是明确转型与创新的内容与路径。

思想政治教育话语是指在一定社会主义主导意识形态支配下，遵循一定需要、规范和规律，并在特定话语语境里，思想政治教育活动过程中的教育主体和教育客体用于交往、宣传、灌输、说服及描述、解释、评价、建构思想政治教育内容和主体间思想观念、价值取向和行为表征的语言符号系统。思想政治教育的话语转换和创新，就是教育者根据时代背景和教育情景的特点和要求，根据受教育者的需要和习惯，调适和改变自己原有的话语方式，用受教育者更愿意和能够接受的话语来表达和传递教育内容，以增强思想政治教育的吸引力和实效性。数字化时代背景下高校思政教育话语创新是指通过引入新的理念、方法和技术，对思政课的话语进行创新，提高教育效果和思想引领力，是高校思政教育话语更新和优化的过程，夯实和拓展了思政教育的话语权，是哲学社会科学话语创新发展的应有之义。

第一节　困境与机遇：高校思想政治教育话语创新的现实审视

数字化发展日益深化的今天，思想政治教育话语发展和创新，面临着从内容到形式再到传播等诸多方面革新的多重考验。一方面，互联网、智能技术等在网络各类媒体以及网络舆论场的发展，形成了网络用语，这类话语具有鲜明的碎片化、随意性、求新性、娱乐化等特点，使思想政治教育话语在网络空间面临挑战；另一方面，在网络场域中通过话语转化和创新，不断增强思想政治教育话语权，使之与国家和社会发展要求同频共振，与教育对象的成长成才同向而行，是思政教育话语创新的契机和有效路径，是新时代思想政治教育必须面对和主动回应的重大现实课题。

一　思想政治教育话语数字化的现实困境

现实场景与网络虚拟空间并存并深度融合互嵌日益成为信息化时代特别是数字化时代的常态。然而日新月异的网络信息技术真正实现在现实场景中的有效应用并非易事。一方面，这一过程必然存在技术自身的更新、迭代和适应的效率问题，话语数字化远不能满足教与学的需要，高校亟须通过革新教学手段、创新教学形式，加强思政课建设、强化主流意识形态教育、占领话语主动权；另一方面，也会由于教育者在认知层面存在的偏差而导致数字化教育的迟滞。

在数字化时代，现实场景与网络虚拟空间的深度融合，不仅改变了我们的生活方式，也深刻影响着教育领域。尽管网络信息技术日新月异，但将其有效应用于现实场景中却并非易事。这背后涉及一系列复杂的因素和挑战。

首先，技术的更新、迭代和适应效率是一个关键问题。话语数字化虽然在一定程度上推动了教育的进步，但远不能满足现代教与学的需要。高校作为培养人才的重要基地，亟须通过革新教学手段、创新教学形式来应对这一挑战。例如，利用虚拟现实和增强现实技术，可以为学生创造更加沉浸式的学习体验，使抽象的理论知识变得直观而生动。此外，高校还应加强思政课建设，强化主流意识形态教育，占领话语主动权，确保网络虚拟空间与现实场景之间的和谐统一。

其次，过程的认知差距和人才匮乏也是导致数字化延迟甚至低效的重要原因。由于部分教育者对网络信息技术的理解和应用能力有限，他们在实践中难以充分发挥技术的优势。为了弥补这一差距，高校需要加强对教育者的培训，提高他们的信息素养和技术应用能力。同时，还需要加大人才培养力度，吸引更多具备创新精神和实践能力的优秀人才投身于教育数字化事业。

最后，我们还需要关注数字化过程中的伦理和安全问题。随着网络信息技术的深入应用，数据泄露、隐私侵犯等风险也随之增加。因此，高校在推进教育数字化的同时，必须重视数据安全和隐私保护工作，确保学生的个人信息和学术成果得到充分保护。

面对现实场景与网络虚拟空间并存并深度融合互嵌的时代背景，高校应积极拥抱数字化变革，通过革新教学手段、创新教学形式、加强思政课建设等方式，推动教育事业的持续发展。同时，还需要关注技术更新、人才培养、伦理安全等方面的挑战，以确保数字化进程的顺利进行。只有这样，我们才能在信息化时代中抢占先机，培养出更多适应未来社会需求的优秀人才。

（一）话语权缺位之困

一方面，在现实环境中，思想政治教育话语在网络空间中的覆盖范围、发声力度、传播质量等方面，受限于技术应用的自然延迟过程和由"形"到"质"的转换过程存在的发展空间，思政教育话语权缺位的问题是客观存在的。这种缺位的表现之一就是思政网络话语的声量小：虚拟化的网络空间氛围和即时的信息传输交换功能，使信息发布、接收与传递频繁而活跃，思政教育话语在网络中如果不能主导话语的发布、传播和反馈，大学生会不可避免地接触到负面信息，无法准确辨别信息传递思想的正确性，价值观塑造必将受到不良舆论的诱导和误导。这是思政教育话语权缺位的第一重困境。

另一方面，缺位还表现在话语体系的转换效率不高。随着信息化、数字化的纵深发展，网络用语成为数字化时代话语体系构建的一个重要因素，构建适应当代青年大学生喜闻乐见的并高度认同的思政教育话语体系，网络用语的改造和融合是优化思政教育话语体系的题中之义。因此数字化思政教育话语要从内容、形式、传播等维度重构思政教育话语体系。然而，信息化发展速度之快，这些网络话语海量又多样、随性又碎片化，高校思政教育话语转换过程始终是动态的，求新求变的，总体来看思政教育话语的数字化在价值观的输出上处于追赶的被动状态。这是思政教育话语权缺位的又一重困境。

（二）话语阵地形成之难

习近平总书记指出："阵地是意识形态工作的基本依托。"[①] 数字化时代的来临，新媒体平台发展迅猛，数量急速扩张，以微信、知乎、抖音、小红书等为代表的网络平台成为网络话语形成、传播的重要渠道，网络话语传播载体呈现出分散化、圈层化、自由化的状态，使数字化思政教育话语在此话语发展环境中形成话语阵地的难度增大，在话语主题、话语环境、话语载体等方面受到极大的限制。

首先，新媒体平台数量的增加和用户覆盖面的扩展，使话语载体日渐分散，任何新媒体平台的使用者都可以发文立论，获取一定话语权。话语载体分散化，看似思政教育话语阵地的构建主体相应多了，事实上带来不小的难度。其次，形形色色的新媒体往往以差异化的服务，聚集了不同的话语主体，这些主体规模化聚集的结果就形成了圈层化现象。话语主体的圈层化，有利于通过认知、情感等方面的认同和共鸣形成思政教育话语的有益传播，但圈层化带来的信息编码化与内容茧房化，给思政教育话语的数字化带来巨大的难度，对话语阵地的构建形成挑战。最后，新媒体平台数量的激增使话语主题自由化，为非主流意识形态话语提供了温床。借助新媒体话语主题自由化的趋势，各种形式和变种的宣扬"普世价值"和"历史虚无主义"的言论，各种话语失范、网络造谣和网暴侵害的

---

① 《习近平关于网络强国论述摘编》，中央文献出版社2021年版，第69页。

话语歪风，挑战着主流意识形态话语权的底线，与思政教育话语争夺网络话语阵地。大学生往往是新媒体多个平台的使用者，碎片化、多元化、虚拟化的网络话语多重冲击和渗透对大学生社会生活的方方面面，对中国继续牢牢掌握意识形态话语权带来了新的挑战。

(三) 人才队伍建设之滞

思政教育工作者是思政教育话语体系使用、构建、完善的主体之一，随着数字化思政教育话语体系转变的需要越来越迫切，此类人才短缺带来的弊端越来越明显。当前高校思想政治教育话语数字化的人才队伍建设中存在的主要问题表现在以下几个方面：

第一，能有效开展的人才总量不足。教育者不仅要有过硬的思政教育专业能力和素养，更重要的是要能有效地把网络语言与思政教育话语有机地融合。要求在有效吸收网络话语体系的优势基础上，充分体现思政教育话语的本质和内核。总体上说，人才总量不足，受此影响，工作的质量和效果也必然大打折扣。

在当今数字化时代，网络语言已经渗透到我们生活的方方面面，对思政教育也提出了新的挑战。然而，当前能够有效开展思政教育的人才总量却显得不足。这不仅影响了思政教育的质量和效果，也制约了网络时代思政教育的发展。

开展思政教育需要教育者具备过硬的专业能力和素养。这包括深厚的理论功底、敏锐的政治觉悟、丰富的教学经验等。只有这样，教育者才能准确把握思政教育的核心要求，有效传递正确的价值观和世界观。思政教育还需要教育者能够有效地把网络语言与思政教育话语有机地融合。这意味着教育者不仅要熟悉网络语言的特点和规律，还要能够在吸收网络话语体系优势的基础上，充分体现思政教育话语的本质和内核。只有这样，才能在网络时代更好地开展思政教育，提高教育效果。

然而，现实情况是，当前具备这种能力的人才总量明显不足。这可能是由于教育者在传统思政教育模式下长期形成的思维惯性，也可能是由于对网络语言缺乏深入了解和研究。无论是哪种原因，都导致了当前思政教育在应对网络挑战时显得力不从心。这种人才总量的不足，直接影响了思政教育的质量和效果。由于缺乏能够有效融合网络语言的教育者，思政教育往往难以触及年轻人的心灵，难以引起他们的共鸣。这在很大程度上消解了思想政治教育的效果，不利于数字化思想政治教育的创新发展。

第二，当前高校思政教育面临的一个重要问题是人才结构的不均衡。思想政治教育要求全员育人，这一广泛的主体范围要求教育者不仅要掌握丰富的思政教育知识，还要具备将知识转化为实际行动的能力。

根据全员、全方位、全过程育人的要求，高校思政教育主体涵盖了所有从事思政教育的相关工作人员。从当前思政教育数字化现状来看，教育者能够娴熟地掌握和运用思政教育话语已非易事，一些思政教育工作者并非马克思主义学科专业出身，属于"半路出家"，在网络信息环境中构建思政教育话语则更加困难，限于思政教育主体自身的数字化认知水平和技术素养不足的状况，离实现思政教育话语的数字化呈现、数字化思政教育行之有效等方面的要求还有较大差距。

这种挑战主要源于思政教育主体自身在数字化认知水平和技术素养方面的不足。由于缺乏系统的数字化培训和实践经验，这些教育者在面对复杂的网络信息环境时，难以有效地将思政教育话语转化为具有吸引力和感染力的数字化内容。这不仅影响了思政教育话语的数字化呈现效果，也制约了数字化思政教育的深入发展。

人才数量的不足也是导致数字化转化过程滞后的重要原因。由于高校思政教育工作本身的特殊性和复杂性，对教育工作者的要求非常高。然而，目前高校思政教育工作者的数量却远远不能满足这一需求。许多高校在招聘思政教育工作者时面临着人才短缺的困境，这使数字化转化过程难以顺利进行。

第三，人才建设规划不足。当前，全国高校思政教育者的数量和综合素质普遍提高，大思政教育的理念不断增强，思政教育协同育人的格局成效显著，但有针对性、建设性的思政数字化发展人才队伍建设还处于起步阶段，具体到思政话语数字化转换这样既需要精耕细作又要兼顾时效的人才培养、培训亟待规划落地。由于人才队伍建设没有进行大量的扩充，寻找真正懂网络、会网络、用网络的网络思政人才，以满足新媒体时代对于思想教育发展的需要。同时，对于新媒体的实践和学习没有跟上大学生群体接收网络思想的步伐，依旧还在用老办法、旧思想来解决网络思想上的新问题。很多教育工作者没有很快适应新发展的需要，仍然停留在传统言传身教、口口相传的思想政治教育的思路和方法层面，无法形成网络思政教育这一新的局面。除此之外，对现有的人才队伍缺乏成体系的学习培训，缺乏学习更多能够贴近学生实际情况的真实案例和更易于学生接受的网络思政教育的方法，因此导致网络思想政治教育开展起来比较困难。

（四）数字化不平等之困

随着数字化时代的快速发展，人们获取信息的渠道和方式不断变化，这导致了数字鸿沟的形成。为了应对这一挑战，高校思政教育话语需要进行数字化转变。这种转变旨在实现信息获取的平等和有序，同时努力弥合数字鸿沟，确保大学生都能在数字化时代获得公平的教育机会。

随着科技的飞速发展和数字化浪潮的席卷，人类获取、处理和传播信息的方式正在发生深刻变革。这一变革不仅改变了人们的生活方式，更对高校思政教育提出了新的挑战。数字鸿沟，这一由技术发展带来的新问题，逐渐凸显出其严重性。因此，高校思政教育话语亟须进行数字化转变，以适应时代的需求，确保大学生在数字化时代获得公平的教育机会。

数字鸿沟，是指不同社会群体之间在信息技术应用和信息获取能力上的差距。随着信息技术的普及，虽然大多数人都能享受到数字化带来的便利，但仍有部分群体因种种原因未能跟上时代的步伐，他们可能因缺乏必要的技能、设备或资源而无法充分利用数字技术。在高校思政教育中，这种鸿沟可能导致部分学生无法有效获取教育资源，进而影响其全面发展。

在实践中，在高校思政教育话语数字化过程中，既有思政教育数字化发展亟待解决的普遍难题，也包含了转换的具体难点，探讨问题的过程同时也是寻找解决问题的方法的过程。

二　思想政治教育话语数字化的空间和机遇

对于思想政治教育工作者而言，有效便捷的互动交流是思想政治教育发挥功能和作用的基本前提，思想政治教育话语就充当了这一重要媒介。一般认为数字化时代的显著特点包括数据驱动、技术创新、网络交互、供需个性化等特征。随着数字技术的发展，这些特征都将融合在思政课话语的发展创新中，为思政教育话语体系的构建提供更强劲的支撑。

（一）立体化的话语呈现与传播

数字技术在思政教育中的融合，促使思政教育话语的呈现方式和传播方式日益多样。数字技术特别是大数据、人工智能（AI）、互联网技术等的动态交互功能，能够帮助教育者将思政教育话语通过数据生成，将单一话语传递形式（如：语言、文字等）向各类数字化平台以声音、图像、视频等声光影的多种形式传递。思政教育话语可以线上线下覆盖面更广、时效性更强。通过音频、视频、图像等形式，思政教育得以更加形象生动地展现，让学生更加容易理解和接受。各种媒体平台的整合和交叉，加速了话语的传播和融合，也为思政教育提供了更加广阔的舞台。

随着数字技术的不断发展，其在思政教育中的应用也日益广泛，对思政教育话语的呈现方式和传播方式产生了深远的影响。数字技术的融合使思政教育话语更加多样化、生动化，让思政教育更加具有吸引力和感染力。

首先，数字技术的动态交互功能，特别是大数据、人工智能、互联网技术等的运用，为思政教育话语的呈现方式提供了更加丰富的选择。教育者可以通过数据生成，将单一的语言、文字等话语形式，转化为声音、图像、视频等声光影的多种形式，使思政教育话语更加形象生动，更易于被学生接受和理解。

其次，数字技术的运用，使思政教育话语的传播方式更加灵活多样。通过各类数字化平台，如微信、微博、短视频等社交媒体，教育者可以将思政教育话语迅速传播到各个角落，实现线上线下全覆盖，让思政教育话语的传播更加及时、广泛。同时，各种媒体平台的整合和交叉，也加速了话语的传播和融合，使思政教育话语的影响力更加深远。

最后，数字技术的运用，还提升了思政教育话语传递的效率和质量。传统的思政教育方式往往采用课堂讲授、宣传海报等形式，信息传递效率低下，且难以引起学生的兴趣。而数字技术的运用，可以通过多媒体、互动等方式，让学生更加主动地参与思政教育，提高信息传递的效率和质量。

数字技术在思政教育中的融合，为思政教育话语的呈现方式和传播方式带来了巨大的变革。通过数字技术的运用，使教育者可以更加生动形象地呈现思政教育话语，让思政教育更加具有吸引力和感染力。同时，数字技术的运用也提升了思政教育话语传递的效率和质量，为高校思政教育话语的构建形式、传播方式带来了巨大的变革。

数字技术在思政教育中的融合，为思政教育话语的呈现方式和传播方式带来了巨大的变革。通过数字技术的运用，可以使思政教育更加生动、形象、有趣，提高学生的参与度和接受度。然而，也需要注意数字技术的挑战和问题，积极探索和实践，以更好地发挥数字技术在思政教育中的作用。

（二）话语传播与评价的可视化反馈

有效的思政教育过程需要思政教育话语能够在传播、评价、反馈各方面都得到充分展现，以增强话语的吸引力、感染力和实效性。话语数字化使有效性评价通过社交媒体等平台实现数据采集多元化、评估维度立体化、反馈机制即时化。一方面，教育者在数字技术的加持下，在具体的理论教育和实践教学中，将特定的案例和故事的话语叙事模式与教育内容设定链接数据节点，对特定的内容场景进行可视化再现，使教育教学过程在可视化终端可计算、感知和建模。在这个过程中，通过对受教育者进行语音识别、手势捕捉、表情抓取等形式对其进行数字画像，进而运用适当的方法引导受教育者全身心沉浸到教育过程中，并以融情于理、情理结合的方式使受教育者形成强烈的情感共鸣和价值共识，在实现受教育者自主体悟方法所承载的意识形态的同时实现方法运用过程的可视化。另一方面，教育者依据生成性数据对受教育者的上课数据进行全过程的关联性分析，精准识别受教育者在虚拟空间中的学习诊断、学情分析、学习效果等方面的数据，依循受教育者的认知思维，并将这些数据可视化输出及统筹整合，便于教育者在教学过程中动态调整话语方式、话语内容等，使教育话语的实施过程转向可视化。

随着科技的飞速进步，数字技术在思政教育领域的应用日益广泛，思政教育话语的传播、评价和反馈过程更加高效和深入。这种变革不仅丰富了教育手段，还促进了教育者与受教育者之间的互动与沟通。在数字技术的助力下，思政教育话语的有效性得到了显著提升。

话语数字化为思政教育带来了革命性的变化。传统的思政教育方式往往局限于课堂讲授和书面材料，而数字技术则打破了这些限制，使教育者和受教育者可以通过社交媒体、在线教育平台等多种渠道进行交流和互动。这种变化不仅拓宽了教育渠道，还使教育过程更加灵活和多样化。

数字时代的媒体融合为思政教育话语的传播提供了更加立体化的方式。教育者可以利用数字技术将特定的案例和故事以更加丰富和生动的方式呈现给受教育者。例如，通过视频、音频、图像等多种形式，教育者可以将教育内容设定与数据节点进行链接，对特定的内容场景进行可视化再现。这种可视化的教学方式不仅使受教育者更容易理解和接受，还能激发他们的学习兴趣和积极性。

在数字技术的支持下，教育者还可以对受教育者进行数字画像，从而更加精准地了解他们的学习情况和需求。通过对受教育者的语音识别、手势捕捉、表情抓取等形式进行数据分析，教育者可以了解受教育者的学习偏好、认知特点和情感状态。这些数据不仅有助于教育者制定更加具有针对性的教学方案，还能为教育者提供实时的反馈，帮助他们及时调整教学策略。

此外，教育者还可以利用生成性数据对受教育者的上课数据进行全过程的关联性分析。这种分析可以帮助教育者精准识别受教育者在虚拟空间中的学习诊断、学情分析、学习效果等方面的数据。通过对这些数据的可视化输出和统筹整合，教育者可以更加清晰地了解受教育者的学习进展和问题所在，从而在教学过程中动态调整话语方式、话语内容等。这种调整不仅使教育话语的实施过程更加可视化，还能提高教育过程的针对性和有效性。

总之，在数字技术的推动下，思政教育话语的传播、评价和反馈过程发生了深刻的变化。这种变化不仅丰富了教育手段，还提高了教育过程的有效性和针对性。随着技术的不断进步和应用范围的扩大，我们有理由相信，未来的思政教育将变得更加高效、生动和有趣。

（三）思政教育话语的精准化供给

随着智能化数字技术的不断发展，思政教育者能够更有效地满足受教育者的个性化需求。通过数字技术的运用，依据受教育者的特点，建构适应受教育者需求的话语模式。这种模式不仅提高了话语传播的效能，还确保了教育对象能够更精准地接收相关信息。为了实现这一目标，教育者将虚拟现实技术与现实教学课堂相结合，打造了数字化的思政教育课堂。在这个课堂上，抽象的理论概念与文本被纳入数据范式中，通过量化、解析与描述，实现了虚拟与现实、传统与现代的有机结合。这不仅为受教育者提供了沉浸式、交互式、体验式等多种精细化的教学方式，还使教育过程更加符合学生的成长规律，提高了教育的有效性。

同时，在日常思想政治工作中，教育者还利用一站式智能服务平台，全面收集并分析受教育者的基本信息和活动数据。通过对这些数据的深入分析，教育者能够更全面地了解受教育者的行为习惯、价值导向和心态变化。这不仅有助于实时监测与预警受教育者的日常生活数据，还为教育者提供了教育教学、社会实践、心理咨询、资助帮扶等精细化的育人模式。这些模式不仅增强了教育者对受教育者日常思想政治教育的把握能力，还提高了教育的针对性和有效性。

此外，数字化技术还在全域全景全程式地融入思想政治教育中。这不仅注重考量教育方法的普遍适用性，还为受教育者的个性化发展需求提供了定标。通过深度学习算法等数字技术，教育者能够智能获取受教育者的思想数据，精准预测他们的行为倾向，并深度解读他们的需求。这为教育者全面了解受教育者的社会认知、情绪情感、思想特点及行为倾向提供了有力的数据支持。在此基础上，教育者能够为受教育者精准定制教育方法，确保教育内容与教育主客体之间的适配度。这不仅提高了受教育者的认知体验、情感体验和交互体验，还确保了思想政治教育的育人效果。

数字化技术为思政教育话语的精准化供给提供了有力支持。通过深入分析受教育者的需求和特点，教育者能够为他们提供针对性的教育话语模式，确保教育效果的精准传递。同时，数字化技术还帮助教育者在日常思想政治工作中实现精细化的育人模式，提高了教育的针对性和有效性。未来，随着数字化技术的不断发展，相信思政教育将会迎来更加精准、高效的发展。

（四）思政教育话语智能化

技术变革下的方法凭借数字技术优势，关切受教育者的社会性和心理性期待与需要，不断激发数字思想政治教育的发展活力。思想政治教育方法的形态更新会因为数字技术的运用显现出来，从而推进思想政治教育话语智能化。一方面，思想政治教育方法智慧化形态演变以精准思想政治教育、智能思想政治教育、智慧思想政治教育为底层架构，以数据安全保障、数据隐私监管、数据资源开放共享为关键保障，以数字技术赋能加快创新驱动发展战略，推进教育数字化为发展策略，用数字技术扩展云端思想政治教育的实践场域，形成虚实交织、场景体验、全员互动的智慧交互，在"打造和实施智能识别、智联互通、智慧治理的全程性思想政治教育"中，驱动方法朝着智慧化形态创新。另一方面，思想政治教育者要依循国家教育数字化的宏观发展战略，将大数据、区块链、数字孪生、云计算等新兴技术融入思想政治教育方法创新的整体框架中，协同推动技术更迭与方法创新融合共进，为方法的智慧化演进筑牢数据基础和技术服务。

构建智慧化的教育环境，打造线上线下相结合的教育教学模式，为学生提供更加个性化、多样化的学习体验。通过智能分析学生的学习数据和行为，实现精准教学和个性化辅导，提高学生的学习效果和综合素质。不断完善智慧思政的评价体系，建立科学、全面的评估机制，对智慧思政的实施效果进行定期评估和总结，发现问题及时改进和优化，推动智慧思政的持续发展。

总之，思政教育话语的智能化是教育现代化的重要方向之一，也是提高教育质量、培养创新人才的必然要求。我们需要紧跟时代步伐，积极拥抱新技术，不断探索和创新思政教育方法，为培养更多优秀的人才贡献智慧和力量。

第二节　生成与传播：高校思想政治教育话语的创新趋势

高校思想政治教育话语生成于高校大学生思想政治教育实践，一定的思想政治教育话语往往能够有效地反映特定历史阶段统治阶级的意识形态，包括政治立场、阶级意志和价值观念，既包含了广义话语具有的描述和解释性的特征，又具有鲜明的评价属性。是事实判断和价值判断的统一体。数字化时代的高校思政教育话语，就是行使和实现高校思想政治教育在网络等信息技术空间中的话语主导权。这个主导权的有效实施，要求数字化的思政教育话语能够在话语能力、话语权利、话语权力等方面占据主导地位。

高校思政教育话语的生成与传播，就是拓展高校思政教育主体在网络空间的话语统摄，保障网络意识形态的生产和再生产过程的权威地位，在大学生接受与认同网络思政教育话语的内容上实现有效的引导、在实践中产生正面和持续的影响力。高校思想政治教育话语的数字化生成过程,是因事而化、因时而进、因势而新的过程。这一话语的生成、转化、创新,是以高校思政教育工作的目标要求和现实需要为前提、思政教育工作的理论与实际的发展相一致,与高校思政教育环境和大学生时代变化相协调,不断在话语内容、形式、载体、场域等方面充实、创新的过程。话语的生成过程要求话语构建能力由弱到强、话语体系的建设从基础到健全,话语权建立的主导性从被动到主动。数字化技术是信息技术发展的较高阶段,因而思政教育话语的数字化是信息化技术与思政教育话语互融互通的更高阶段。当前,高校思想政治教育话语的数字化创新是话语权从"有"到"强"的渐进过程。

高校思政教育话语,是高校开展思政教育的要件和实践载体,本质上说就是特定阶级的意识形态,是有目的、有计划、有组织地对人们施加影响的社会实践,旨在使人们接受和践行教育信息。数字化时代,互联网的快速发展为人们通过网络应用操作平台传播自身的声音提供了广泛的应用操作平台,微博、微信、抖音等新媒体逐渐发展成为人民群众展开沟通、学习、娱乐消费的重要途径,特别是作为"网络原住民"的在校大学生,他们的日常生活模式、学习模式与网络空间深度捆绑,对他们开展思政教育必然要应用互联网媒介等信息技术,嵌入互联网思维,生成和创新数字技术背景下的思政教育话语。

一 思想政治教育话语的固本培元

(一)高校思想政治教育话语数字化的本质

数字化时代的思想政治教育话语权,本质上就是实现思政教育话语权在网络空间的话语权威。数字化时代高校思想政治教育话语权和传统类型的高校思想政治教育话语权相比,最大的区别在于思想政治教育的载体发生了重大变化。为准确把握其内在本质,需要对高校思想政治教育话语权网络化本质进行深度探究。思想政治教育数字化话语权不是孤立的、抽象的话语权，而是基于数字技术话语权基础上的一种生成话语权，是源自高校思想政治教育自身话语的数字化建构，此建构过程就是思想政治教育数字化话语权的生成过程。

话语权是话语生成与发展过程中所蕴含的权力，而思想政治教育数字化话语权是其自身话语在生成与发展过程中所蕴藏的独特权力。思想政治教育数字化话语权是在思想政治教育数字化话语的运行中生成的。随着数字技术的发展，人对数字技术的依赖已不仅仅止步于数字技术工具，而更多地寄托于数字技术生存。在数字技术生存中，思想政治教育数字化话语权发挥着越来越重要的作用。正如习近平总书记强调的："互联网是当前宣传思想工作的主阵地。"[1] 要 "不断增强意识形态领域主导权和话语权"[2]。

意识形态不是凭空形成的，而是由现实物质生存状况所决定、随着生产力发展而发展的。网络意识形态话语权源于意识形态，这两者在本质上是一脉相承的。当人生存于网络空间时，人不仅生存于现实物理空间，也生存于网络虚拟空间，因而存在于网络社会空间的意识形态本质就演变为网络意识形态话语权的本质。在高校思政教育过程中，数字化思政教育话语如何形成影响力？首先，思想政治教育话语数字化是基于数字技术的思想政治教育。思想政治教育最基本的话语就是数字技术话语，而数字技术话语是信息话语，此信息话语与传统思想政治教育灌输的信息话语具有本质区别。其次，思想政治教育数字化话语源自主客体间性话语，而不是单方源自思想政治教育主体。传统思想政治教育的话语主要是源自思想政

---

[1] 《习近平谈治国理政》（第二卷），外文出版社2017年版，第325页。
[2] 中共中央党史和文献研究院编：《习近平关于社会主义精神文明建设论述摘编》，中央文献出版社2022年版，第24页。

治教育主体的话语，而客体却没有自身的话语，但数字化思想政治教育话语的生成是教育主体与教育客体通过数字技术实现"互动"的话语过程。最后，思想政治教育数字化话语是多维话语，而不是单维话语。在思想政治教育数字化中，由于网络空间是一个开放的空间，思想政治教育数字化可以建构起若干主客体关系的思想政治教育数字化的关系话语，而不是传统思想政治教育单维度主客体的关系话语。由此可见，思想政治教育数字化话语权影响力不是主客体单维度的，而是主客体多维度的合力。经过上述对思想政治教育数字化过程中各种内在话语系统分析后，可以认为，思想政治教育话语的数字化过程本质是强调数字技术话语权的载体作用，通过思想政治教育数字化话语权的生成来塑造价值化与领导权的过程，这一过程本质上是话语生成与话语权引导的融合。

（二）数字化思想政治教育话语权也是生存话语权

数字化思想政治教育话语权的生成和发展过程，就是思想政治教育扎根于数字技术的生存话语权。数字技术不是单纯的技术，而是谁拥有技术，谁就拥有了话语权力。此时，技术不再是一种工具性的技术，而是价值性的技术，是具有鲜明政治属性的技术，是决定人的思想、意识、观念等意识形态的技术。技术性话语控制权是思想政治教育数字化话语权的最初形态。人与技术之间有着千丝万缕的联系，人的一切活动都与技术密切相关。正是因为人与技术之间的紧密关系，人的思想、意识、观念等的形成与发展都和技术紧密相关。不同阶段的技术发展必然有其相应的思想、意识、观念与之匹配。正如历史唯物主义所认为的：社会存在决定社会意识。技术发展不是简单的技术演绎，而是以技术为基础的社会进步。数字技术时代，技术不再是条块分割的技术，而是技术的交织。网络社会空间的实践不是单纯的人支配技术的活动，而是人支配技术与技术支配人的双向交织，人建构了网络社会，与此同时，网络社会也塑造了人。在人与网络社会互动的过程中，人已经将数字技术融入人自身的发展，使人与技术融合在一起。

　　思想政治教育数字化在其话语的形成和发展过程中会产生独特的影响力，这就是思想政治教育数字化话语权。网络政治教育话语权首先源自数字技术互动本质的技术话语的独特影响力，数字技术话语的独特影响力就在于技术所营造的生动形象的话语，此话语具有亲和力，容易给人身临其境的感觉，而不是传统的、纯粹的、直白的、枯燥的说教。由于数字技术的特殊功效，数字技术话语可用音频、视频等多种文本方式展现。不仅如此，此话语还具有时间的错位性，当有什么事打扰了受众对话语的接受，受众随时都可以暂停，随后还可返回，而这并不会影响话语的任何功效。此外，其话语既可以是单向话语，还可以是多向话语，受教育者可以将不同的话语频道同时打开、同时接受，也可随时转换。因此，此多维技术话语对人的影响力不是传统思想政治教育话语影响力所能比拟的。思想政治教育数字化话语权的内在基点在于数字技术性话语权。技术不是抽象的技术，是人与自然界相互作用的结果。技术是人在实践过程中主观能动性的积极反映，是人类社会进步的阶梯。技术从来都不是单个人的技术，而是人类集体智慧的结晶。网络作为人们交往的工具，是思想政治教育的重要渠道。此时，数字技术使用媒介话语，因而思想政治教育数字化话语权是媒介话语权，是传递性话语权。此话语权是联结人与界面、人与人以及人与自我内在的桥梁，如果桥梁中断，其话语权就会被撕裂。随着数字技术的发展，思想政治教育数字化话语权不再停留于单纯的媒介话语权，而是技术生存话语权。

二　思想政治教育话语的数字化创新

　　思想政治教育数字化话语权是蕴含了思想政治教育话语与技

话语而深度渗透所衍生的技术性话语权，思想政治教育话语的数字化生成本身就是创新。

技术话语权既包括生存话语权，还包含数字技术的表达话语权。在现实生活中，人所使用的话语是人类在历史长河中所形成的，具有严格的话语逻辑。在网络社会空间中，为了适应网络社会空间的交往需要，出现了许多新型的网络话语，这些网络话语具有鲜明的数字技术特性，且只有在网络特定社会空间中使用，才能明白其中的真正内涵。网络话语没有严格的话语逻辑关系，其随着网络话语的使用而逐渐被规范，并表达着独特的话语寓意。

思想政治教育本质表现为：一是马克思主义理论。马克思主义理论是中国思想政治教育的本质渊源。没有马克思主义理论，就没有中国的社会主义革命与社会主义建设，也就没有中国社会主义性质的思想政治教育实践活动。思想政治教育实践活动的目的就是要将马克思主义理论转化为中国广大人民群众的思想、意识、观念等，以培养广大人民群众的思想、行为的自觉。思想政治教育要继承与发展马克思主义理论，更为重要的是要将其理论转化为实践。因此，马克思主义理论是思想政治教育内在的本质渊源。二是中国特色社会主义理论。中国特色社会主义理论是中国在马克思主义理论指导下、在经历社会主义建设的曲折过程后、在经过中国改革开放的社会实践过程中所产生的理论，是马克思主义理论与中国具体的社会主义实践相结合的、具有鲜明时代特色的理论体系，是马克思主义理论在中国改革开放的历史发展阶段所形成的创新理论。中国特色社会主义理论所蕴含的内在本质与马克思主义理论所包含的真理价值是彼此相辅相成的。

思想政治教育是在马克思主义理论指导下的特殊教育实践活动，马克思主义理论、中国特色社会主义理论以及思想政治教育理论在本质上是高度一致的。如果存在于现实物理空间中的思想政治教育话语权内在本质是基于现实生活的人的马克思主义理论的价值取向，那么作为线上网络社会空间的思想政治教育数字化话语权也理应如此。数字技术的本质属性是人的价值属性的外在表现形式，虽然中国在数字技术层面还受西方数字技术的制约，但也有属于自己的数字技术。中国人民长期受马克思主义理论教育，具有坚定的马克思主义理论价值取向，因而在网络社会空间中开展思想政治教育数字化的话语仍然具有马克思主义的价值取向。

思想政治教育数字化实践话语建构在以数字技术为载体的网络社会空间中，具有鲜明的数字技术话语属性。数字技术话语具有互动性，思想政治教育数字化话语具有实践性，数字技术话语的互动性与思想政治教育数字化话语的实践性又建构了思想政治教育数字化话语的生成性，在其生成性的基础上又产生了思想政治教育数字化话语的价值性。

以往的技术发展中，人常常会把技术作为思想政治教育的手段，这是因为人对技术还起着支配作用。但随着数字技术时代的到来，人已经不能完全支配技术，相反地，技术却能支配人。技术不再是人生存的手段，而是人的生存方式。思想政治教育数字化就是建构在人沉浸于数字技术背景之中的特殊思想政治教育，在此技术背景下的思想政治教育呈现鲜明的技术特色，思想政治教育数字化话语权被打上了技术的烙印。随着数字技术的发展，技术不再是人生存之外的东西，而是人自身内在生存的重要组成部分。人的任何行为，即便是人的思想、意识、观念等精神现象的东西，也可以与数字技术相衔接，使思想政治教育数字化话语与生活话语交织在一起，使思想政治教育数字化话语呈现出沉浸式效果，强化了思想政治教育数字化话语权。

思想政治教育数字化话语权生成于思想政治教育数字化的符号生存之中，是思想政治教育数字化技术生存的功能性发挥。在技术生存的背景下，人实践活动的话语就是技术话语，技术性的网络话语是数字技术生存的直接表达，只要有数字技术生存，就会有网络话语的产生。思想政治教育数字化是基于数字技术生存背景下就人的思想、意识、观念等精神现象而开展的思想政治教育新形态。

从一定程度上讲，思想政治教育数字化生成话语权是对传统思想政治教育话语权的新突破，展现思想政治教育数字化话语权基于数字技术互动本质而衍生的新内涵，是对思想政治教育数字化话语权主体性的新拓展。

1. 思想政治教育数字化话语权主体性展现的是一种动态的话语权，而非静态的话语权。话语权不是静止话语的产物，而是动态话语的产物，是实践的产物。

2. 思想政治教育数字化话语权的内在或是外在都是共享共生的，话语权本质上是实践话语权，实践是历史活动，历史活动总是向前发展的，因此思想政治教育数字化话语权是向前发展、推进的话语权。思想政治教育数字化话语权作为发展性的话语权是一个共进的过程，表现为思想政治教育数字化主客体话语的共进、思想政治教育数字化主体间性的共建、主体的主体性迎合客体的主体性再带动客体主体性的共进等。

第三节　高校思想政治教育话语数字化创新的基本路径

在数字化时代，高校思想政治教育话语的数字化程度对于推动思政教育数字化高质量发展的重要性不言而喻。数字技术的强大动力为高校思想政治教育话语的创新提供了无限的可能。数字技术的运用，不仅是高校思政教育信息化发展的必然趋势，更是通过数据收集、分析预判等优势，改变了思想政治教育的传统载体和环境，推动了育人场域和育人资源的全面升级。这一变革不仅提高了思想政治教育的质量和效率，还为思政教育话语的创新提供了广阔的发展空间，为话语内容、形式、方法等方面的创新开辟了新的路径。

一　创新的三重逻辑

（一）强化意识：巩固阵地，掌握话语主导权

高校思政教育话语数字化建设，是话语主体即思政教育工作者职责和权属所在。在网络空间中，巩固马克思主义对社会精神文化的主导地位，将主流意识形态的要求作为基本遵循，帮助广大青年大学生凝聚价值共识，形成对他们的价值引领；在数字化过程中，把思政教育话语中的政治素养、理想信念、秩序规范与技术能力相融合，通过主动推进思政教育话语数字化，扩大思政教育话语的阵地和领导权。从国家发展层面来看，网络意识形态安全是典型的非传统安全，思政教育数字化就是巩固高校这个意识形态阵地，维护国家安全的重要工作。在社会发展层面，坚持以思政教育话语数字化巩固马克思主义对社会精神文化的主导地位，凝聚价值共识，实现价值引领，领航社会稳定发展。在个人发展层面，网络世界的舆论生态与大学生发展息息相关，关系到大学生心态健康与人格健全，而网络舆论治理只有依托于思政教育话语数字化，筑牢马克思主义在网络中的统摄地位，才能帮助大学生廓清认识上的迷雾，使之构建起正确的国家观、历史观、民族观、文化观和昂扬向上的进取精神，实现心智与人格的完善。思政教育话语数字化建设，对于国家、社会、个体发展都举足轻重，是实现国家发展、社会进步、个人成长的重要推力，是任何时候都不能轻视的重要议题。要增强主体建设思政教育话语数字化的行动自觉性。所谓行动自觉，是主体在观念层面明确思政教育话语数字化的价值内涵以及自身的角

色、责任后，形成的毅力与决心，积极把观念落实为行动，只有增强行动自觉，在实践中把理论变成"物质的力量"，主体才能使思政教育话语数字化提升从理想变为现实，从根本上解决马克思主义失语、失踪、失声的问题。具体而言，一是解答大学生疑难困惑不失语。网络舆论介入的时效性要求极高，如果思政教育话语数字化主体没有第一时间对大学生的疑难困惑作出权威解答、提供正确引导，大学生就容易任意揣测和臆断，酿成缺乏理性依据的舆论风波和情感困斗，甚至造成网络民粹主义、泛道德化乃至对立认同，对主流价值产生不信任乃至拒斥，形成极恶劣的社会影响。这揭示了思政教育话语数字化主体应加强实践自觉，主动回应并引领大学生舆论，在解疑释惑中先声夺人、先发制人，通过持续和响亮的发言来争取大学生注意、引导网络舆论，避免因关键时刻的沉默不语而丧失大学生信任，为思政教育话语数字化建设创造良好的民意基础和舆论氛围。二是网络话语实践不失踪。高校思政教育话语主体不仅要突出网络话语参与实践，身体力行发挥好模范带头作用，而且要引领大学生做出正确的价值选择。话语主体还要加强与大学生的沟通交流，防范网络信息"茧房"和自说自话，积极延伸知识和话语的链条。三是回应大学生利益关切不失声。大学生的话语表达多是围绕其生存与生活的所思、所感、所悟。思政教育话语数字化主体要增强话语权效力，应当把握大学生身心活动规律，着重围绕大学生最关心的民生问题来有指向地进行话语阐释，不仅用马克思主义向大学生讲透彻问题"是什么"，也要说清楚"为什么"，更要讲明白应该"怎么想"与"怎么办"，以此加强思政教育话语数字化的现实针对性，用实际行动赢得民众对党和政府拥护和信任、对话语主体权威的信服。

（二）积极实践：敢于发声、自觉行动

如前文所述，高校思想政治教育话语的数字化的目的，就是通过提升互联网空间的思政话语实践能力，拓展思政教育话语权和话语阵地。网络空间中多元的思想观念、意识形态的激烈碰撞和博弈，主流意识形态的权威性和统领性，需要思政教育话语数字化过程中积极发声、敢于亮剑，举旗、育新人，敢为、乐为、有为，弘扬主旋律、传播正能量，用马克思主义来回答重要舆论问题、解读社会重大事件，赢得大学生对主流意识形态的认同，彰显思政教育话语的价值。

在数字化时代，高校思想政治教育话语的转型与升级显得尤为重要。这种转型不仅是为了适应互联网空间的发展，更是为了提升思政教育的话语权和影响力。通过数字化手段，思政教育能够更好地渗透到学生的生活中，引导学生树立正确的价值观念，增强他们对主流意识形态的认同感。

数字化对于高校思想政治教育话语来说，是一种全新的表达方式。它不仅能够传递文字信息，还能够通过图像、音频、视频等多种形式，将思政教育内容生动地呈现给学生。这种多样化的表达方式，使思政教育更加贴近学生的生活，更容易被他们所接受。

在互联网空间中，各种思想观念、意识形态相互碰撞、交流。作为思政教育工作者，我们需要积极发声，敢于亮剑，用马克思主义来引领舆论，弘扬主旋律，传播正能量。通过数字化手段，我们可以将思政教育话语传播到更广泛的群体中，让更多的人了解、认同和支持主流意识形态。

同时，数字化也为思政教育话语的创新提供了更多的可能性。我们可以通过数据分析、用户画像等手段，更加精准地了解学生的思想动态和需求，为他们提供更加个性化的思政教育服务。这种个性化的服务，不仅能够满足学生的需求，还能够增强思政教育的针对性和实效性。

总之，高校思想政治教育话语的数字化，是提升思政教育话语权和影响力的重要途径。通过数字化手段，我们可以更加有效地传递思政教育内容，引导学生树立正确的价值观念，增强他们对主流意识形态的认同感。同时，数字化也为思政教育话语的创新提供了更多的可能性，使思政教育更加贴近学生的生活，更加容易被他们所接受。在未来的发展中，我们应该继续探索数字化在思政教育中的应用，不断创新思政教育话语的表达方式，为培养德智体美劳全面发展的社会主义建设者和接班人做出更大的贡献。

（三）提高素质：专业素养与技术能力融合

高校思政教育话语数字化，对教育者提出了更高的要求，不仅要具备成熟的思政教育专业知识和教育技能，同时还要能够在数字化时代，掌握基本的网络信息技术基础上，灵活运用多媒体教学手段，利用必要的技术支持和资源保障，利用校内外在线平台和社交媒体进行教学和信息互动，使思政教育话语覆盖于网络空间中。这对网络思政话语主体的工作素质和能力提出了更全面的要求，作为主流意识形态的"发言人"、大学生的"领路人"、网络信息的"把关人"，话语主体的政治素养从根本上决定了其在建设网络思政话语权中的行为选择与效果。

数字化时代不仅标志着思政教育手段和方式的更新，更对教育者提出了更高的要求。在这个数字化浪潮中，教育者不仅需要具备扎实的思政教育专业知识和教育技能，还需要掌握基本的网络信息技术，以应对新的挑战和机遇。

首先，数字化时代要求教育者具备熟练运用多媒体教学手段的能力。传统的思政教育往往局限于课堂讲授和书面材料，而在数字化时代，教育者需要灵活运用各种多媒体工具，如视频、音频、动画等，来增强教学效果和吸引力。通过多媒体教学手段，教育者可以更加生动、直观地传达思政教育的核心价值观和理论观点，激发学生的学习兴趣和积极性。

其次，教育者需要掌握网络信息技术，以利用校内外在线平台和社交媒体进行教学和信息互动。网络已经成为学生获取信息、交流思想的重要渠道，教育者必须紧跟时代步伐，利用网络平台和社交媒体与学生进行互动，及时了解学生的思想动态和需求，有针对性地开展思政教育。教育者可以在网络平台发布教学资料、组织在线讨论、开展线上答疑等活动，使思政教育话语覆盖于网络空间中，实现教育的全面覆盖和深入影响。

最后，教育者必须具备高度的政治觉悟和敏锐的政治嗅觉，能够准确把握党的路线方针政策，引导学生树立正确的世界观、人生观和价值观。同时，教育者还需要具备批判性思维和信息筛选能力，能够在海量的网络信息中筛选出有价值、有教育意义的内容，为学生提供健康、向上的网络环境。

教育者的政治素养和行为选择直接决定了网络思政教育的效果。因此，教育者必须不断提升自身素质和能力，以应对数字化时代带来的挑战和机遇，为培养合格的社会主义建设者和接班人贡献自己的力量。

问题的探讨引领实践的发展方向，当前，思政课话语数字化的进程正面临着前所未有的机遇与挑战。这一过程不仅为高校思政教育的话语体系提供了更为广阔的视野，同时也为话语创新提供了新的思考逻辑与实践路径。我们应当深入探索，积极应对，以期在变革中寻求发展，推动思政教育话语体系的不断完善与创新。

二　构建高校思政教育数字化话语体系

具体而言，可以从下述几个方向进行探讨：

第一，精选、总结并整合优秀案例，建立话语内容规范。高校思政教育话语的数字化是在信息化基础上不断发展起来的，由于各地区高校教育数字化转型的水平和方式方法存在差距和差异，精选并整合优秀的思政课话语创新案例并在此基础上借鉴转化，是高校思政教育话语创新发展的一个重要途径。各高校通过数字化平台的互联互通，分享、分析成熟的思政课话语创新案例，取长补短，因校制宜，找到适合数字化时代的创新路径和策略。

第二，拓宽思政教育话语数字化载体，丰富思政话语形式。话语形式是连接话语主体和话语受众的桥梁，同样的话语内容在不同的时间、空间，面对不同的受众，需要有不同的话语形式。数字化时代，思政教育话语以数字技术为载体，以数据平台为媒介，输出多种网络话语浓厚的话语呈现。这一过程要充分利用和开发数字技术，善用各类网络媒介，使互联网空间中的思政教育话语能够以与大学生情感体验、生活经验密切相关的话语形式，以娓娓道来、掷地有声的话语方式讲清教育理论，引导价值认同，引领教育实践。随着互联网技术在教育领域的普及和迭代，各种网络平台成为思政教育话语运用的重要场所，思政教育话语数字化就是信息编码、传播、解码活动，思政教育话语的形式，也因各类信息技术和网络媒介的多样性呈现出话语形式资源的丰富性。平台载体选用或建设得越精良，思政教育话语越能够贴近大学生的网络使用偏好，提高话语的亲和力、彰显话语的影响力，形成话语的网络张力。一般而言，与传统话语载体相比，网络平台往往以趣味性、参与性、互动性、场景性等特点取胜，有利于发挥受教育者的主体性，有利于承载丰富的内容，有利于进行虚拟实践，有利于数字化话语输出。

第三，打造互通互联的教学网络，推进话语主体的协同联动。在"大思政"教育理念指导下，高校思政话语主体不再局限于专任的思政教育工作群体，是多元多面的综合性团队，在网络思政教育环境中发挥不同的角色和功能优势，实现了内容、平台、技术的整合。数字技术的应用，使网络思政话语主体间的协同联动更为便利迅捷，有利于思政教育主体既独当一面又形成话语合力，是思政教育话语权构建的重要一环。由于大学生是在当代信息条件下成长起来，现代信息技术既虚拟又现实的生存特征及环境与当代大学生的认知心理发展特点相契合，这为高校思政课教育教学提供了新的发展空间。当代大学生见证了互联网在中国的发展及现代信息技术的进步，因此，运用大学生熟知的网络语言教育大学生更有效。在高校各思政教育主体要善用、共享多样化校园网络文化产品，通过热门图片、焦点事件、优质视频等网络形式，形成高校思政教育的话语合力。

三　打造高校思政教育数字化话语建设团队

高校思政教育话语数字化建设是一项面向时代、面向未来的系统工程，需要大量"专业＋技术"的综合性人才的持续加入。数字技术发展迅猛、迭代加速，在思政教育话语数字化过程中，只懂专业、缺乏技术和技术熟练，而专业粗疏都不能满足当前数字化发展要求下的话语构建和创新。需要打造具备专业化、智能化、社会化、信息化综合性知识素养，能胜任舆论引导、技术研发、服务管理等一系列数字化工作的复合型工作队伍。保障高校思政教育话语数字化的工作团队始终保持思政教育政治性强、业务精通、作风优良的工作要求。

（一）建立结构合理、资源集约、协同高效的工作团队

话语数字化的主体，除了专任党政工作者、思政理论课教师等传统话语主体外，还应根据智能技术特性和网络思政话语权建设要求来发掘、引入新鲜主体力量，建立一支由品格正、责任强、有担当的马克思主义理论工作者、哲学社会科学专家学者、思政专职教师、网络技术骨干、党员领导干部构成的主流话语队伍，特别要在广大优秀青年中培养和选拔有生力量，健全高校思政教育话语数字化的人力资源库和话语智库。按照"专业＋智能"的要求构建数据

资源智库，整合校园和社会资源，实现各校矩阵间的资源共享和效能互补，建立健全统一的领导体制和管理机制，从教学、科研、管理、服务多维度服务话语数字化呈现，发挥高校网络育人的最大功效。以"大思政"为遵循，使网络思政教育线下思政教育、网络思政元素与专业内容相融合、相协同。

（二）推动工作团队中各主体话语的有机融合

因工作职能、社会地位、功能角色差异，各网络思政话语主体的话语思维、方式、空间都有较大区别，这能形成更多样的话语效果，但也对主体话语的衔接性提出了更高要求，需要其保证话语内核融合、活动方向一致，否则将违背人身心发展的连贯性要求，削弱网络思政话语权效力。此外，还要实现不同主体间话语的有效转化。具体来说，就是将各类思政教育主体数字化话语共同内核相聚合，对各细分主体的独特话语进行整合，从而实现思政话语的多维立体阐释，使网络思政话语内容在大学生不同生活层面、活动领域均得到展示与印证，从而增强网络思想政治教育的感召力和渗透力，推动其话语权建构和提升。例如：将教学网络平台与公共网络平台交叉并用，通过媒体融合，将思政教育话语从虚拟空间中完成技术性呈现。

（三）增强业务培训和内部交流，提升教育主体业务素养

高校思政教育数字化过程，对教育主体提出更高的要求，不仅要谙熟专业理论，洞悉理论前沿，还要有过硬的网络技术运用和信息传播等素养。这要求在思政教育数字化过程中，必须加强教育主体自身的培训和检验，开展有针对性的教育培训和技能提升，提供最新的教学理念和方法，帮助教师掌握数字化时代背景下思政课话语创新的核心要点。可以通过开展研讨会、座谈会和教学实践等形式，促进教育主体之间的交流和合作，分享思政课话语创新的经验和成果；还要加强大同行、小同行间的信息互通，形成资源共享的

长效机制，提升教育主体的整体数字化素养，选拔业务精英，建立师资交流平台，促进教师之间的互相学习和合作，共同探索思政课话语创新的新途径和方法。组建一支专业化的骨干队伍，持续通过专题培训、新媒体沙龙、校园网络文化节等形式，搭建业务研讨、专业培训、资源共享、协同融合、实战练兵的常态化交流平台，加强规范性管理，强化激励。

四　凭借数智化手段，提升话语数字化实施过程评估的科学性

数字化思政教育话语体系的构建，离不开话语数字化实施过程中的效果反馈和评估。这是确保思政课话语创新能够取得预期效果的重要组成部分。

（一）推动思政教育话语效果评估方法的创新

首先，创新评价方式。创新评价工具，利用人工智能、大数据等现代信息技术，探索开展数字化教学资源开发应用全过程纵向评价、专业育人全要素横向评价；探索推行学生、家长、同行专家、社会评价相结合的综合评价。其次，评估思政课话语创新的效果需要采用多种方法进行综合评估。可以采用问卷调查、访谈、观察、测试等多种方法收集数据，并结合定量和定性的分析方法进行数据分析和解释。通过问卷调查可以了解学生对思政课话语创新的认知、接受程度和满意度等；通过访谈可以深入了解学生对思政课话语创新的体验和感受；通过观察可以了解学生在课堂上的参与度和表现等；通过测试可以评估学生思政素养和综合能力的提升情况。这些方法的综合运用可以更全面地评估思政课话语创新的效果。最后，评估思政课话语创新的效果还需要考虑时间因素。

（二）增强评价体系设计和搭建的科学性和创新性

首先，高校网络思想政治教育效力的评估需要建立科学的评估指标体系。该指标体系应包括对思政课话语创新的内在特征、学生思政素养和综合能力的提升、学生的情感态度和价值观转变等方面的评估指标。在指标的确定上，可以参考现有的思政课教学评估指标体系，结合数字化时代背景下思政课话语创新的特点进行适当调整和补充。其次，由于思政课话语创新是一个长期的过程，其效果的评估也需要考虑到时间的延续性和可持续性。可以在思政课话语创新的实施过程中进行多次评估，并进行跟踪调查，以了解效果的长期变化和发展趋势。最后，评估思政课话语创新的效果还需要考虑到实际应用的可行性和可操作性。评估方法应具有操作简便、数据收集便捷、结果可靠等特点，以确保评估工作的顺利进行和有效实施。

数字化时代背景下思政课话语创新的效果评估方法需要建立科学的评估指标体系，采用多种方法进行综合评估，并考虑时间因素和实际应用的可行性和可操作性。通过科学严谨的评估方法，可以更好地评估思政课话语创新的效果，为进一步提高思政课教学质量提供有效的参考依据。如在线测试、在线问卷、电子档案等，让学生能够更加全面、深入地了解自己在思政教育方面的学习情况。

数字化时代的思政教育话语创新，是一个与时俱进的动态课题。高校思想政治教育主体要坚定不移地贯彻落实立德树人的根本任务，抓住数字化时代为思政教育话语创新提供的良好机遇，直面思政教育困境和问题，与时俱进，遵循媒体融合和学校教育共生发展的规律，创造性地运用新媒体技术，优化思政教育话语，探索出一条守正创新的数字化路径。

第 五 章

数字化时代高校思想政治教育载体创新

第一节 高校思想政治教育载体生态

一 思想政治教育载体内涵

思想政治教育载体是思想政治教育学的重要范畴。思想政治教育学学科自1984年成立至今，学者们聚焦思想政治教育的价值定位、内涵辨析、内容结构、原则规律、方法途径、效果评估、教育生态等方面潜心研究，已逐渐形成了一个较为完备的学科体系。思想政治教育学除了具有一般学科都具有的概念、范畴、方法等结构性特征外，也具有自身的学科特征，即以差异化的理论体系和研究对象为基础的独特价值性。马克思主义理论体系是思想政治教育学学科的理论基础，人的思想建设和发展是思想政治教育学科的研究对象。思想政治教育载体建设要依托学科属性，在保持和遵循学科基本属性的基础上，形成载体建设发展和学科建设发展和谐共促共融的局面。

学界关于思想政治教育载体内涵的具体论述不尽相同，但代表性的观点大都是将其放在思想政治教育整体过程中来描述，强调思想政治教育载体在主客体之间的联系和作用。如有学者认为思想政治教育载体是"能够承载和传递思想政治教育内容或信息，能为思想政治教育主体所运用，促使思想政治主客体之间相互作用的一种活动形式"①。与此同时，思想政治教育载体具有思政元素承载的功能和具有主客体相互作用的联系性特征已在大多数学者的研究中达成了共识。

随着数字化时代的到来，思想政治教育也面临着新的形势，需要把握新的发展点，因而对思想政治教育载体在数字环境下的适用性、创新性、实效性越来越重视。当前学界对思想政治教育载体的研究主要集中在以下三个方面。"中介论"强调思想政治教育是教育主体和教育客体的桥梁和纽带，起到了"连接""联系"等作用，认为思想政治教育载体是指承载、传导思想政治教育因素，能为思想政治教育主体所运用且主客体可借此相互作用的一种思想政治教育活动形式，是联系教育主体和教育客体的中介，是实现教育目标、任务的形式和手段，属于思想政治教育方法论的范畴；"媒体论"则认为思想政治教育载体更多意义上是起到了价值引领和宣传教育的作用，而这种作用的效果更依赖教育客体的主观接纳；"系统论"则强调载体是思想政治教育整体性工程的重要内容，应将思想政治教育载体视为思想政治教育的"子系统"，将其发展置于整个思想政治教育生态中，从系统的思维、全面的角度来探究。既然"思想政治教育是指社会或社会群体用一定的思想观念、政治观点、道德规范，对其成员施加有目的、有计划、有组织的教育影响，使他们形成符合一定社会或一定阶级所需要的思想品德的社会实践活动"，那么思想政治教育载体就是实施这一系列所有②显性、隐性教育活动的综合。

在现阶段，思想政治教育是以习近平新时代中国特色社会主义

---

① 张耀灿等：《现代思想政治教育学》，人民出版社2006年版，第392页。
② 陈万柏：《论思想政治教育载体的内涵和特征》，《江汉论坛》2003年第7期。

思想为指导，以中国化的马克思主义理论体系为基础，"围绕巩固马克思主义在意识形态领域的指导地位、巩固全党全国人民团结奋斗的共同思想政治基础这一根本任务，自觉承担起举旗帜、聚民心、育新人、兴文化、展形象的职责使命"。[①] 思想政治教育的目标是提高人们的思想道德素质，动员人们为建设中国特色社会主义而奋斗，而为了实现这一目标，各种教育主体围绕上述目标所展开的所有活动及其成果都可以视为思想政治教育的载体。

概括地说，高校思想政治教育载体是指能够为思想政治教育主体所运用，承载思想政治教育因素，对受教育者进行思想塑造和价值教育的一系列物质性与非物质性的活动形式。日常工作中的理论教育、管理服务、文化和精神文明创建活动等，都可以视为思想政治教育载体。思想政治教育者通过这些活动，按照一定的程序，对教育对象施加教育手段，以实现思想政治教育的目标。

思想政治教育载体具有价值性、工具性、介质性、整体性、社会性等特征。价值性即思想政治教育的载体是教育者所操作并与思想政治教育客体发生一系列联系时所赋予的价值。工具性即载体就其本质而言是思想政治教育主体与客体之间联系的物质存在方式或外在表现形式。介质性是指载体是教育主体施加教育活动时可以依赖的手段和途径。整体性和社会性则是指对教育过程而言，载体发挥作用需要整体的协同一致，共同产生作用。社会性则是指思想政治教育载体本身基于思想政治教育的社会活动而存在，本身具有开放性，其意义、价值、效果也并不是一成不变的，需要在社会中去检验。通过以上的分析，可以认为为了加强青年学生理想信念教育，帮助树立正确的世界观、人生观、价值观，高等学校不断探索齐抓共管机制，加强思想政治理论课、政

[①] 中共中央 国务院：《关于新时代加强和改进思想政治工作的意见》，《人民日报》2021年7月13日第1版。

策宣讲、体验式教育、社会调查、公益活动、文体活动、校园文化等多种形式的思想政治教育活动,都应该属于建设思想政治教育载体的范畴。

二 思想政治教育载体分类

众所周知,载体虽然由主体所主导建设,具有客体性,但其一经产生就会以客观的物质形式或信息形式存在,在空间中表现为具有具象化的外在形态,便具有了主体的特征。当前看待思想政治教育载体有多种不同的视角,在不同的视角和细分标准体系下载体的分类会有所不同,比较有代表性的是以下三种划分载体的方法:第一种是按照教育主体特性不同而对载体进行分类的方法,称为主体分类法;第二种是按照载体作用形式不同对载体进行分类的方法,称为形式分类法;第三种是按照载体产生教育效能的场域不同对载体进行分类的方法,称为空间分类法。

(一) 主体分类法

主体分类法认为思想政治教育载体本质上是思想政治教育者对思想政治教育对象进行教育行为的外在表现,为了便于开展研究,认为思想政治教育载体可以以教育主体的不同为标准进行分类。例如有学者认为"思想政治教育载体的发展是以促进思想政治教育为核心"[1]。按照主体分类法,如果把社会个体作为教育主体来看,思想政治教育载体形态可分为语言载体与行动载体。从社会群体作为教育主体来看,可分为教育团体载体、文化和社会组织载体等。从传播主体作为教育主体来看,可分为媒体载体和网络载体。按照主体分类法,思想政治教育载体在不同的主体下的外在表现形态多种多样,各具特点。例如有学者认为"从思想政治教育载体的外在表

---

[1] 朱景林:《关于思想政治教育载体分类的研究》,《思想理论教育导刊》2014年第11期。

现形式来看,思想政治教育载体可以划分为三类:语言载体、活动载体和组织载体"①。语言是人类最重要的交际工具,是人类形成和表达思想的手段,也是人类社会最基本的载体;活动载体则是指主体为了实现教育目标而进行的一系列策划、组织、管理、实施活动的总和;组织载体则是教育主体通过建立诸如社团、学生会、团支部等把教育客体有效组织起来。

1. 个体语言和行动载体

该部分载体以语言文字、个体行动等形式存在,它是在思想政治教育过程中,通过零散或系统性的语言来传承思想政治教育内容,阐释或论证思想政治教育内容的个体表现形态。其表现形式往往是一对一或者一对多。包括但不限于用来解说、印证相关思想政治教育内容的理论体系、论证、个人宣讲活动、辩论、文艺创作等。该类型载体的主体往往具有个体操作性强、互动性强、问题聚焦、专家依赖等特征,对教育主体个体魅力和水平的要求高,也极易出现"大V""意见领袖"等。它在思想政治教育过程中,更能引起个体或小部分群体思想上的共鸣,以激发人们去自觉接受思想政治教育内容。

2. 组织管理和活动载体

该部分载体以教育群体的形式有组织、有计划地开展思想政治教育的活动形式。其种类包括:第一,示范引导类。通过组织典型人和事的展示活动来实现既定目标。如典型案例、示范岗位建设、标兵宣传、考核评比等。第二,教育群体开展的思想政治教育活动。通过举办思政课堂、开展专题教育,引导和规范思想和行为。第三,综合素质培养。培养受教育者的德智体美劳等各方面综合素质的活动。如演讲比赛、知识竞赛、学科竞赛等。第四,实践类载

---

① 邰火星:《思想政治教育载体内涵探析》,《郑州大学学报》(哲学社会科学版)2006年第2期。

体。通过组织、参加相关实践活动，实现教育目标，如参加集体劳动、勤工助学、田野调查、实习实训、参观学习、校园文化等活动。例如参观访问革命纪念地，通过艰苦卓绝的革命史来教育引导学生爱党、爱国、爱社会主义等。这部分载体的特征是组织性强、覆盖面广、影响力大、视角宽阔等。

3. 媒体和网络信息载体

该部分载体在媒体和网络空间以文、图、声、影等各种形式存在，是对具体实物的"信息再现"，是在媒体和网络空间，模拟出实物以及反映事物具体形象的载体。包括但不限于爱国主义题材纪录片、电影、歌曲、诗文等在媒体和网络的直观呈现。该类载体往往是以多对多的形式出现，具有随机性、直观性、推广性、多样性、自我选择性、不受时空限制等特征。

(二) 形式分类法

思想政治教育载体的形式分类法认为，通过载体对受教育者的作用形式，可将载体分为显性载体、隐性载体。显性载体是直观、外显地承载思想政治教育内容的载体形式，例如思政课教育、理论学习、宣传教育等，一般为有针对性、有组织的教育措施所形成的具有直观、外向等显性特征的思想政治教育载体。相应地，隐性思想政治教育载体是承载隐性思想政治教育内容和开展隐性思想政治教育载体所采取的一系列活动的总和。

与显性思想政治教育载体不同，隐性思想政治教育的内涵与形态呈现出观点不同、相对集中的特点，因而隐性思想政治教育载体所指也相应地有所区别。对于隐性思想政治教育的内涵，比较具有代表性的主要有以下几种：如有学者认为隐性思想政治教育"是利用人们社会实践和人生活动（组织管理、职业活动、人际交往、文化娱乐等),使人在不知不觉中接受教育的方法"①;有学者认为"隐性思想政治教育是相对于显性思想政治教育而言的,是指在高校大学生思想政治教育实施过程中,教育者将教育的意向、目的隐藏到大学生周围的生活环境和特定形式的活动中,使大学生在'思想政治理论课'的教育之外的校园生活中不知不觉地接受教育的内容,以实现思想政治教育的终极目的"②。有学者认为隐性思想政治教育"就是教育者按照预定的教育计划、教育内容和教育方案,为受教育者特意创设一定的社会环境、活动场所和文化氛围,并有意识地引导受教育者去感受和体认,使受教育者在没有意识到自己在受教育的过程中,不知不觉地接受教育,得到心灵的感化、情操的陶冶和哲理的启迪,进而潜移默化地达到教育目的"③。综上所述,所谓隐性思想政治教育,是相对于显性思想政治教育而言的,指在思想政治教育过程中自觉运用隐性思想政治教育理论,注重开发利用隐性思想政治教育资源,通过比较隐蔽的形式,使受教育者在无意识间获得某种思想或经验的教育方式。隐性思想政治教育具有间接性、有效性、教育过程的随意性、教育途径的开放性以及教育主体的自主性等特点④。

开展隐性思想政治教育有利于在教育的过程中完善学生的人格,陶冶学生的情操,规范学生的行为,实现大学生的全面发展,是高校思想政治教育工作不可或缺的有效方法。总体而言,高校隐性思想政治教育主要包括以校园规划、建筑设计、校园自然景观及校园生态环境的物质环境等为载体的物质形态隐性思想政治教育;以管理制度、教学评价体系、学生管理制度等为载体

---

① 罗洪铁、董娅主编:《思想政治教育原理与方法》,人民出版社2005年版,第441页。
② 刘晓芳:《大学生隐性思想政治教育研究》,《当代青年研究》2006年第4期。
③ 王浩:《高校德育工作中的隐性教育探析》,《思想教育研究》2006年第1期。
④ 林伯海等:《试析大学生隐性思想政治教育模式》,《思想理论教育导刊》2008年第3期。

的制度形态隐性思想政治教育；以职业精神教育、系统专业素养教育、校园文化氛围、人际关系等为载体的人文形态隐性思想政治教育。

（三）空间分类法

传统思政教育载体产生于现实空间的思想政治教育场所，其表现可以是课堂、教材、政策宣讲、宣传实物等手段或者物质形式，这部分载体依赖现实空间而存在。而"现实空间泛指人类生存的宇宙空间环境，包括宇宙间一切物质现象及其过程。它的演化（或进化）表现为物质上量的积累与继承"[1]。日常生活中自然界的山川、河流、森林、湖泊以及社会中的课堂、学校、政府机构、档案馆、图书馆、家庭、博物馆等都是现实空间中的载体。

数字思政载体是产生于思想政治教育者在数字空间开展的形形色色的思想政治教育活动，其表现可以是数字空间的活动、媒体、影音、动画、文件等数字形态的物质，这部分载体依赖技术化的数字空间而存在。数字空间包括数码计算与传输的物质基础以及由数码虚拟的多维空间及其演化[2]。数字空间是一种技术空间，也具有复杂的实体系统结构与信息传输体系，具有独特的数字运行机制，具有以下特点。第一，数字空间思政教育主客体具有一致性、平权性。数字空间提供了一个开放的场域，具有开放性、参与性，主客体都能够平等地参与进来，并且具有相对平等的发言权、表达权、传播权等。第二，数字空间思政教育主客体以数字人的形式交互。数字个体的交互性并非物理存在的人的互动，而是数字存在的人的互动。数字视听觉皆为数字主体的呈现方式，使其变成与物理存在相脱离的数字存在。第三，数字技术的发展使数据交互突破了物理

---

[1] 边馥苓、王金鑫：《现实空间、思维空间、虚拟空间——关于人类生存空间的哲学思考》，《武汉大学学报》（信息科学版）2003年第1期。

[2] 边馥苓、王金鑫：《现实空间、思维空间、虚拟空间——关于人类生存空间的哲学思考》，《武汉大学学报》（信息科学版）2003年第1期。

空间的限制。数字全球化也促使思想政治教育载体具有更广泛的物理空间,将思政教育延展至物理空间之外的所有数字能够通过有效链接方式影响的场域。

第二节 思想政治教育载体创新的多维审视

当前经济全球化、社会信息化和文化多元化带来的思想交锋,一方面有利于丰富人的精神世界,另一方面也使意识形态竞争加剧。西方国家利用经济、技术优势向相对落后的发展中国家进行意识形态输出,给广大发展中国家,特别是发展中的社会主义国家带来了巨大的意识形态风险。因此,顺应时代需求,与时俱进地开展思想政治教育工作显得极为关键。作为思想政治教育的重要抓手,思想政治教育载体的创新需要遵循思想政治教育规律、载体建设规律、大学生人格发展规律等,需要秉承科学严谨态度,经过系统谋划、顶层设计,对思想政治教育的载体建设进行全方位的多维审视。

一 规范价值与工具价值和谐统一

思想政治教育载体体现的是"载体自身属性与人构成的某种价值关系,具有主体性、现实性和实践性等特征"[1]。思想政治教育载体作为人自觉行动的中介,受制于人的价值意识和价值规范的制约,同时在价值规范指引下实现思想政治教育价值目标。思想政治教育载体的价值由规范价值与工具性价值两个部分构成。规范价值是由设计者、制作者、传播者等自觉地赋予,是有组织、有意识的主观行为,受到人为和组织因素的影响,服务于思想政治教育工

---

[1] 倪松根、孙其昂:《思想政治教育载体价值的逻辑意蕴及其实现》,《思想教育研究》2017年第8期。

作，同时也是最核心的价值形式。工具性价值则是基于其思想政治教育主体与客体之间的媒介或中介的作用，由其自身的形式、材质、内容、展示和传播路径等产生。二者是目标与手段的关系。

在载体构建的过程中，既要充分考虑载体本身可预见的传播广度、使用频次、建设和维护成本等，也要一以贯之地将教育价值放在更核心的位置，使二者有主有次，相互结合，有机统一。首先，坚持马克思主义的价值主导地位。思想政治教育载体建设要以马克思主义为指导思想，运用马克思主义的立场、观点和方法检视和甄别，审慎选择适合思想政治教育学科属性的载体，巩固和发展马克思主义的指导地位，坚定中国化的马克思主义作为指导。其次，思想政治教育载体在设计制作阶段具有深刻的教育主体印记，但载体一经出现便以客观的形式存在。思想政治教育在不同时空下，载体的选择和运用的尺度不尽相同，针对性和合理性是选择的重要标准。思想政治教育载体建设要主动借鉴以往行之有效的方法，同时也要"以我为主""为我所用"，要从思想政治教育学科价值的高度对载体进行甄别，确保符合中国马克思主义基本原理以及中华优秀传统文化的要求，选择合适的载体进行思想政治教育并达到思想政治教育目标。

二 主体能动与客体自觉双向互动

思想政治教育是思想层面上的深度学习。"深度学习就是一种主动的、探究式的、理解性的学习方式，要求学习者进行理解性的学习、深层次的信息加工、批判性的高阶思维、主动的知识建构和知识转化、有效的知识迁移及真实问题的解决。"[1] 教育本身就是主体施加教育行为、客体接受教育行为并内化为自在的过程。思想政

---

[1] 吴秀娟等：《基于反思的深度学习：内涵与过程》，《电化教育研究》2014年第12期。

治教育作用的有效发挥，始于教育者的主动施加，但更依赖于通过施加的教育内容来触发受教育者自觉学习。

在明确思想政治教育的载体价值的基础上，主体的教育性和客体的自主性是必然结合在一起的，只有二者的结合才是完整的思想政治教育实践过程。在思想政治教育过程中，由于主体和客体的空间上的分离、人格上的独立，在教育实践中，载体承担着一定的媒介或中介的作用，这种作用展现了教育者意志，并在空间和实践上拓延了教育者的意志，因而对于整个教育过程十分关键。思想政治教育者制作和选择载体时需要同时兼顾易受性和教育性，这对载体建设的针对性、趣味性、场域建设等提出了具体的要求，使数字化教育技术的选择尤为重要。过于老套技术的运用、死板呆滞的教育内容会使思想政治教育本身丧失吸引力，同时泛娱乐化、碎片化、价值虚无化的教育内容也容易使思想政治教育的结果偏离预设的轨道，弱化思想政治教育的价值。因而侧重思想意志的教育性和侧重受众需求的个性化、趣味性的结合，才能充分发挥载体的作用，促进思想政治教育实效。

第一，坚持目标导向，发挥教育主体积极性。高校的根本任务在于立德树人。思想政治教育载体各要素要紧紧围绕立德树人的目标，使要素与目标在同一轨道上同向发力，最大限度发挥思想政治教育载体功能。社会主义核心价值观是由当下中国生动的社会主义建设的实践生发出来的，是凝聚广大人民最大公约数的价值观，思想政治教育载体建设要以社会主义核心价值观为引领，担当起培育和践行社会主义核心价值观的历史使命，促进和引领社会主义先进文化的发展。从系统的角度来看待思想政治教育的全过程，思想政治教育主体有学生工作和管理干部、思想政治理论课教师、辅导员班主任等，各个战线的队伍都应该选择和利用合适的载体，并进行有效整合，形成育人合力。在思想政治教育全过程中，每个人对理论诉求、精神诉求、价值诉求、实践诉求都各有不同，因此，思想政治教育载体要从具体的工作对象出发，发现人的真正需要。只有发现现实的人的需要，再综合运用多样化、有针对性的科学合理的载体矩阵，才能更好地实现育人目标。

第二，正视个体需求，发挥客体主观能动性。教育是自知、自觉、自为不断深化的过程。从载体运行过程来说，主体是载体选择和利用的组织者和发动者，客体是受教育者。因此，思想政治教育载体主客体在一定条件下可以相互转化以及互相依存，统一于思想政治教育的全过程中。一方面，受教育者是教育活动的目标对象，因为受教育者对教育活动本身具有强烈的反作用力，他们可以通过教育反馈将个性诉求或舒缓或激烈地表达出来；另一方面，受教育者接受教育的过程也是自我学习、内化的过程，在这个过程中，教育的客体转化为自我教育的主体，因而其主观能动性的发挥也起到至关重要的作用。

三　高效能与高质量发展兼顾

理论在不断发展，技术运用也在不断进步，思想政治教育载体极具时效性和针对性的特征，使思想政治教育载体的效率性和发展性二者之间的关系变得既对立又统一。效率性强调载体建设及时有效并且目标对象明确，但这极易造成载体建设不系统、不规律，导致载体建设整体效能低、质量差，也极易造成杂乱无章和资源浪费。发展性更强调载体建设的体系化，这对载体生态体系的建设有极大的益处，同时建设周期相对更长，甚至整体设计尚未完成，相关内容已经弱化以至失去教育意义和价值。因而兼顾效率性和发展性需要因人、因材、因事、因势开展思想政治教育，破解"数字时代"载体发展困境。

第一，因人施教。以 Chat GPT 为代表的生成式 AI 技术，赋能高校思想政治教育，能帮助提高教育主体获取信息的效率，同时又能助力高效设计个性化、精准化教学计划。数字时代产生的"大数据""云计算"等技术形式为分析学生个体发展情况提供了条件。通过这些技术，依据数据分析学生的认知情况并设计教育模型，进行一定频次的实验之后运用于实际当中，推进高校思政教育工作的高质量发展，助力精准化、个性化引导学生理想信念、爱国情怀等，就可以更好地实现因人施教。

第二，因时施教。进行"不间断"资源整合，助力打造"全天候"育人模式。人才是教育的根基，要加强高校思政队伍的培训，提高队伍的数字化水平。构建好、利用好高校大数据共享平台。要建立数据化教学资源库，确保资源的时效性和有效性、多样性和丰富性。促进优质教学资源的数字化、智能化、先进化，优化优质教育资源的供给形式，并使大数据分析平台为人机交互予以优质的教学资源，实现永不断线的思想政治教育载体资源供给。

第三，因势施教。借助对思想政治教育体系以及学生和思政教育成效等方面信息的收集和分析，聚焦数字化知识结构程度、数字化技能熟练程度和应用经验等方面的差异造成的资源不均，精准研判数字化开展思政教育的形势，构建适合数字技术赋能思想政治教育的环境。首先，有些思想政治教育者，由于拥有系统的数字知识体系培训以及比较熟练的操作水平，因而开展数字化思政教育显得游刃有余。还有些思想政治教育者，由于缺乏顺应数字化教学的技能，就不能很好地开展数字化思政教育。其次，经济水平的地区差异、城乡差距等导致不同学生之间的载体资源分配不平等。缩小不同教育对象之间数字思政环境的"鸿沟"，可以通过数字化统一性教育平台建设，促进资源共建、共享。教育主管部门和高校也要增强在思政教育载体建设方面的协同合作，可以制定相关政策，促进数字资源的公平分配，确保师生享受到数字化教育带来的便捷、高效。

四　技术优势与科技伦理高度契合

科学技术的辩护与批判是其发展过程中面临的普遍问题。科学技术是生产力的观念已经深入人心，其对人类社会发展的贡献毋庸置疑。即便如此，科学技术运用仍面临"两面性"的问题。一方面，从科学性角度来讲，新技术必然产生、旧技术必然淘汰，是科技发展的趋势；另一方面，作为思想政治教育载体建设的手段之一，当其被用作教育媒介时，教育主体和其作用对象皆是历史的、实践的人。教育主体在改造自己和他人的过程中，教育对象需要作为特殊性的个体而不能简单地作为整体来看待。因而马克思主义对于技术运用的态度是从"历史""实践"的角度去审视，认为技术运用为解放和发展生产力提供条件，有利于进一步促进人的全面和自由发展，但同时又谨慎对待技术市场化、反对技术资本化。

首先，科学选择和合理运用新技术，对载体建设发展十分重要。从教育意义上讲，技术运用的合理性在于载体建设的可持续性发展。在思想政治教育载体建设过程中，是否有利于坚持教育者主体地位、是否有利于受教育者人格的全面发展、是否有利于教育活动达到既定目标是技术运用的三条准线。任何一条准线受到破坏就意味着载体的创新是不可行的。数字技术同样是把"双刃剑"，合理使用能让载体获得建设契机，不规范不合理的使用则可能造成人的异化。所谓异化即随着科学的进步，原本应该服务于人的技术越来越被人所依赖，渐渐使人变得依附于技术而丧失独立人格。从科学伦理意义上讲，防范科技异化是科技工作者的重要目标。然而，不规范地使用技术也可能造成网络安全风险以及泄露隐私、盗用版权等侵权行为的发生。因而在技术的选择和运用上，技术要服务于教育者施教，那些可能使教育者逐渐丧失教育技能的技术需要谨慎选择，受教育者反对的技术需要舍弃。

其次，数字技术应用应赋能思想政治教育载体开放式发展。数字化时代的进程以及数字教育技术的不断发展，对思政工作队伍的数字化素养有了更高层次的要求。教育者应该具备数字化技术实施思想政治教育的基本能力。数字化技术的应用对于建设育人资源、优化育人方式都具有十分重要的作用。为了避免思维固化，思想政治教育者需要保持开放的心态，不畏惧数字时代带来的挑战，主动增强教书育人的本领，主动提升载体建设工作的技能，主动提升数字素养，以此来适应时代给予的挑战。同时，思想政治工作者应该通过数字技术，建设资源平台，提供多样化的信息获取渠道，如建设功能性思政图书馆、研讨平台等。

最后，数字技术应助力提升思政教育主体教育教学技能。数字化技术扩展了教育教学手段和方式，也使思想政治教育面临技能水平差异大、资源分配不均衡、队伍来源单一等的挑战。首先，聚焦教师数字化能力的差距问题，需要学校开展全方位多层次的培训和跨校交流活动，通过数字化技能培训，找差距、补短板提升数字化技术应用水平，顺应数字时代的要求。其次，提升教育数字化教学平台的建设和使用效果。通过统一的数字化平台建设，缩小区域差距、城乡差距。最后，充分利用数字化技术增强学生课程体验，促进数字化教育战略的顺利实施。

第三节　传统思想政治教育载体数字化转型路径

一　思想政治教育载体创新迎来新机遇

思想政治教育载体一方面要适应社会交往方式的新变化，另一方面要开发和运用新载体为思想政治教育服务。由于思想政治教育具有独特的价值性，因此其载体建设需要符合特定的价值逻辑，即满足主客体之间特定的价值关系。为此，思想政治教育载体建设要以满足思想政治教育主客体的价值关系为基点，以解决社会关切和人的精神需要为中心，适应时代交往方式的新发展，进而增强思想政治教育解题力和社会认同力。数字技术的迅猛发展带来了经济社会的深刻变革，数字媒体、数字智能、数字媒介、数字思维、数字课程、虚拟仿真等的出现，一方面给思想政治教育载体的发展带来日新月异的进步；另一方面也对思想政治教育载体体系建设提出了新的更高要求。

首先，数字化技术赋能教育迎来新契机。微媒体技术等数字社交媒体的发展，使"人人热点""人人广播台"的现象甚嚣尘上，"竖屏"时代已然来临，每个人都可以根据自己的理解向受众表达观点。网络大V、群体领袖等"关键少数"可以依靠累积的数量庞大的"粉丝群""亲友群"等轻易地"制造"和"传播"热点话题，并引起充分讨论，这无疑使思想政治教育工作迎来多元理念、多元价值的冲击。但随着数字媒体技术的进一步发展，更新迭代后的数字技术，如ChatGPT、虚拟仿真技术、网络课堂、媒体课堂等又极大地提高了教育效率，这给思政教育载体的功能性、价值域、吸引力等方面的创新带来了启示。

其次，全球化数智化竞争的不竭助推力。数字技术发展的后发劣势，使中国在以网络技术为代表的数字时代全球化进程中面临严酷的竞争。以腾讯、百度、华为、中兴、大疆等为代表的中国科技公司，固然已经取得了突出的成就，但就底层算法构建、系统语言、全球竞争力、综合生态链等层面，仍与欧美一流水平有较大差距，这就决定了我们在全球话语权争夺、网络舆情引导能力等方面存在劣势。高校作为全球化人才的聚集之地，随着国际科研合作和交流、联合培养学生、出国留学访学、聘任归国教师、接纳外籍留学生、师生出国旅游探亲等现象的持续增加，大学校园全球化的问题已是高校不可回避的重要课题。为迎接全球化竞争，政府、高校等均制定和实施了一系列支撑性举措，企业更是铆足干劲，不断进行研发和管理创新，这无疑在政策上、技术上、人才上给予了思想政治教育载体创新源源不断的助推力。

再次，新型市场经济不断冲击的反作用力。当前以"流量经济""热搜经济""榜单经济""直播经济""网红带货"等为代表的新型网络经济形式不断涌现，改变了传统宣传式、公告式信息资源制作和传播的动力形式，经济利益驱动成为主流。这无疑给教育者筛选匹配性教育资源增加了难度，但同时极大地丰富了信息资源总量，提供了诸多的载体建设素材。同时市场经济的新型参与形式，也在很大程度上给思想政治教育工作者工作创新带来了新的启发，使思想政治教育载体的内在组织、外在表现形式、传播路径等都发生了一系列的变革，也迎来了思想政治载体创新的好时机。

最后，思想政治教育与时俱进的内在张力。思想政治教育载体建设受到时代变迁带来的挑战，当前经济对外开放不断深入、政治体制改革不断探行、科学技术发展日新月异、文化上思维观念不断更新，思想政治教育随着整体环境的发展变化不断面临新的课题。高校思想政治教育的主体对象是作为大学生的青年群体，其可塑性强、易受性强、更具开放性的群体特征，决定了思想政治教育决不能脱离以"95后""00后"为主的新时代大学生的成长实际，需要根据世情、国情、地情、校情、家庭、个性等诸多情况适时选择思想政治教育载体创新建设最优解。

二　构建传统思政教育载体创新发展新生态

数字技术在载体建设中应用领域包括元素筛选、要素匹配、载体制作、传播、共享、反馈、总结分析等各个环节。随着数字技术的发展，载体不再拘泥于会议、纸媒、宣传报、广告、广播、电视等相对传统的官方主导的载体，越来越呈现出展示个体性、随机性的多元化载体特征。其表现形式也越来越包含声音、图像、文字、管理、环境等生活中容易接触到的任何细节。技术的不断进步和发展，带来了思想政治教育方式的多样化变革，这也促使载体的来源更加多元化。

数字技术的迅猛发展，对高校思想政治教育载体建设提出了新的要求，探索思想政治教育载体创新融合发展成为思想政治教育工作者用好载体、提升实效的关键所在。同时也为思想政治教育载体的发展提供了现实土壤，也促进了新的思想政治教育载体的不断变革。"为了适应现代社会的这一发展趋势，思想政治教育要向微观领域和宏观领域拓展，要向交叉领域渗透，要与现代科学技术手段结合，从而使思想政治教育更具有整体性和系统性。"[1] 高校在结合世情、国情、地情、校情的基础之上，科学规划，制定合理的创新发展战略，采取合理的创新发展措施，才能在载体创新建设上取得理想的效果。从系统理论的角度来看，载体的分类标准，同样适用于载体的分类建设，可以着重从坚持系统理念打造全体系建设队伍，坚持整体性原则建设全方位显性与隐性载体，运用要素理论促进不同载体间互动互融；坚持现实与虚拟空间互建，打破时空限制。

（一）锤炼全链条载体创新主体

载体多元化创新的核心是多元化教育师资、多元化建设和设计团队。随着数字时代不断深入，各种载体所蕴含的教育元素的迭代周期渐短，时机稍纵即逝，更需要的是具有敏锐性、自觉性、执行力的实干家、行动派。思想政治教育载体建设队伍越来越需要更强

---

[1] 张园园：《思想政治教育载体的综合运用研究》，《学术论坛》2012 年第 10 期。

的综合素质、可行的理念、创新的思维、极强的执行力等。因而在人才队伍的建设中，需要精准施策，构建包含教育者、专业技术人员、讲解员等既有专业理论知识又有操作和展示技能协同合作不同层次的"思政教育载体建设共同体"。

首先，打造"理论＋政工＋管理"的载体创新团队。任何思想政治教育载体的出现，最重要的是要严把政治关、畅通宣传路径、强效执行力，只有三个队伍协同一致才会更加有力、更加系统地推动载体创新。第一，除思政课教师和辅导员外，遴选校内优秀党员教师，融入思想政治教育队伍，发挥学科交叉育人的优势，共同投入系统化的思政教育载体建设，是完善队伍结构和提升队伍水平的重要举措。同时针对校内的建设队伍，聚焦队伍综合素质培养，开展系统性学术沙龙、数字化赋能等活动。第二，联合校外专家学者开展育人载体建设研讨会，邀请"全国优秀示范单位""全国高校优秀思想政治理论课教师""思政项目精品建设单位"等介绍建设经验，精准提升载体建设能力。高校可以根据自己教学工作的需要，定期或不定期从其他院校聘请兼职人员，实现优势互补和资源共享。第三，借助社会力量充实队伍，聘请"行业里手""杰出校友""劳动模范"等作为载体建设顾问，化解"重内容、轻实践""重形式、轻效果"的载体弊端。

其次，技术赋能提升数字化思政载体创新建设教育精度。高校要结合形势，勇立数字化时代潮头，因时而进、因势而新，推动信息技术融合载体育人，用新技术赋能思政教育载体建设的精准性、长效性。可以开办"数智化赋能教师教育能力提升"专题讲座等，提升教师信息技术素养、培养教师们数字思维，确保建设队伍的信息化技术应用水平，帮助认同思想政治教育载体建设主体的"数字身份"。鼓励教师通过充分利用网络平台、新软件技术来开展育人活动，增强育人实效。

再次，国际化人才队伍引进和培育。随着经济全球化的形成与发展，高等教育国际交流日益频繁，高等学校思政载体队伍建设必须抓住机遇，调整发展战略，主动汲取国际社会相关工作经验。例如聘请外籍专家或技术人员为专兼职工作人员，通过"海外青优"计划等定点招聘海外顶尖学者、青年才俊，采用短期讲学、客座教授、在线授课等结合的灵活方式吸引国际学者、技术人员参与数字载体建设，设立专项资金用于支持教师出国交流、开展国际化载体课程建设，推动"本土教师+外籍教师"协同授课模式夯实载体基础，形成制度化、规范化的措施。同时引进留学人员，充实整体队伍，提高队伍的全球化视野和国际化程度。

最后，探索"高校+社会"大协同创新机制。在协同创新育人新机制软硬件建设上、校内外合作上，注重队伍能力的提升，来进一步加强学校与家庭的主体互动联系，促进家校联合育人互动式方式方法的载体建设。同时提升与政府、社会之间的合作联系，探索校地合作、大中小一体化载体建设、校企合作基地，打造社会大协同育人载体平台，巩固和发展产学研合作，形成发展的良性循环。

（二）显性载体与隐性载体系统融合

从载体创新建设的角度来说，显性载体和隐性载体相辅相成。显性载体的建设以政策宣讲、课程生态体系创新、队伍协同性建设、网络空间意识形态维护等为主要内容。隐性载体则侧重校园文化载体、人际关系、网络行为、媒体信息传播等方方面面。在显性载体与隐性载体的融合建设中，二者是教育者与受教育者统一的有机整体。

数字时代，显性载体的建设需要借鉴隐性载体的作用形式，增强亲和力、吸引力。第一，强化高校环境文化载体建设。自然景观是高校校园内生态环境建设的重要资源，最大限度保留原有山体、水源与植被，可借助大自然的亲和力满足在校师生对原生态空间的向往。这意味着高校在环境文化建设过程中要避免使用过多的人造景观，要通过追求自然景观高低错落的层次感，达到利用最低的造价成本来打造良好的生态校园。除此之外，高校在建设生态校园环境时还应配备先进的基础配套设施，如选用耐用性能优良的电缆、科研设备等，减少维修次数，延长生态基础设备的使用寿命。第二，显性载体建设蕴含主流价值。重视高校精神文化载体建设，发挥文化载体浸润式育人效能。将主流价值理念融入思政课、专业课、必修课、学风、教风、校风等，是生态文明教育在高校顺利开展的必要举措。以思政课程为例，教师在课堂上讲解生态环境保护的必要性，对大学生进行绿色、低碳等生态文明理念的宣传教育，不仅可以丰富、充实思政课程教学内容，激发大学生对本学科的学习兴趣，而且能让学生了解生态文明的历史渊源，运用积极的生态观思忖人与人、社会、自然之间密不可分的关系，成为未来社会生态文明建设的生力军。

与此同时，隐性载体的建设需要借鉴显性载体的直观、精准的建设形式，增强针对性。第一，隐性载体建设注重网络空间。随着高等教育信息化进程的不断加快，网络文化建设成为思想政治教育必不可少的一个环节。通过电脑、手机等载体，采用动画、互动游戏、视音频等多元化形式对大学生进行思想政治教育，并通过向学生直观、生动地展示教育案例，打造各自的舆情引导团队并发挥作用，让社会主义核心价值观等理念更加入脑入心，建设高校官方门户网站、微信公众号等新媒体舆论阵地，建设网络舆情监测和引导长效机制，是将思想政治教育有机融入高校网络文化建设，有效提升思想政治教育效果的重要举措。第二，隐性载体建设注重以文化人。以文化人最重要的是加强传统的校园人文环境、人际关系、网络传媒、非思政类教育活动等隐性载体，同时使隐性载体更好地发挥思想引领、情感陶冶、行为规范、人格塑造、心理构建等思想政治教育功能。在人文环境建设方面,需要营造奋进、踏实等良好的校风和学风,注重教师文风、作风的建设,注重工作机制、管理机制、公共服务的人文关怀,倡导团结、友爱、互助的人际关系,打造清朗文明的网络育人空间,充分发挥校园文化形式多样性和针对性强、参与的自主性高等优势,构建科学化、系统化、整体化的"浸润式"隐性载体生态。

（三）数字载体与现实载体有机结合

随着数字技术的进步和发展,思想政治教育场域现实空间与虚拟空间一直处在不断分化、重组、互构、融合的动态变化中。数字技术加速了社会空间分化、重组的进程,破除空间隔阂的关键点在于贯通两个空间结构转换中的领域分离、空间分化、主体孤立等境况,使思想政治教育真正融入生活当中。

数字思政载体,一般是指以数据的形式记录、处理、传播、获取思政信息的空间或平台。载体的数字化体现的是思政教育载体由现实空间转向虚拟空间的进程,也是物质载体向数字载体转向的进程。从作用空间的维度来看,思政工作虚拟空间与现实空间的结合,是数字时代开展思政教育工作的必然要求。传统思政工作的场域是课堂、社会、家庭、学校等现实空间。数字思政则产生于数字空间,是随着数字技术的更迭而产生、演进的思想政治教育的数字形态,形成了以数据和多维场景为驱动的数字生态。[1] 在数字空间中,多种思想观念互相交流碰撞,观念的多样化冲突不可避免,亟须进行有效的思想引领和价值导向,来保障主流价值观的有效传播。因而探索数字思政载体与现实思政载体的有机结合已成为当前思政工作面临的重要课题。

第一,打破物理隔阂,增进空间交互性。思政教育的现实空间

---

[1] 温旭：《"数字思政"的作用机制及其实现路径》,《思想理论教育》2024年第3期。

场域与虚拟空间场域本身是开放互通的，数字载体随着数字思政的出现应运而生。随着数字技术的不断发展，数字载体形式的不断涌现，二者之间的黏合越来越强。互联网是社会信息聚集的大平台，在开放性的平台上便捷、高效地获取和交换数据，成为现实人的常态。数字技术的更迭尤其是数字平台的兴起，使思想政治教育发生了深刻变化，数字空间变成思想政治教育的场域，使数字空间的价值引导和共识凝聚显得非常关键。人们在数字空间获取信息，并相对平等、自由地发布内容的主要载体，给思想政治教育工作者不断突破物理瓶颈，探究数字思政的内在规律，强化空间融合的价值引导，更好地履行数字主体责任，形塑数字时代思想政治教育的前沿阵地提供了前提条件。

第二，坚持主客体统一，贯通教育全过程。思政教育主客体的客观统一是载体建设的根本遵循。相较于传统思政，数字思政载体发挥作用的空间是数字空间，因此，数字空间是数字思政主客体相互作用的实践场域。思想政治教育者借助数字形式的载体对客体施加教育影响从而发挥作用，教育客体则根据个人或群体喜好筛选数字思政的载体内容，并在这一进程中自觉或不自觉地受到数字思政载体的影响。从逻辑上讲，数字思政的主客体与现实思想政治教育的主客体并没有不同，只是相互作用的场域发生了变化，由现实空间转向数字空间，形式发生了变化，从一般载体转向了数字载体，正是以上空间、展现形式的变化导致数字思政载体的表现形态与发挥作用的方式和评价方式发生了变化。数字思政的教育主客体的标准在于交互关系中究竟谁在履行系统性的教育职能。首先，数字主体主动开展数字活动的价值目标是实现思想政治教育，是相互作用中主动和自觉的一方。教育客体则更多处于被动和接受载体影响的地位，但同时在整个过程中又保留着极其自由的选择性。其次，在数据信息的优势度上，数字思政客体往往更具有组织性、纪律性、系统性、目标引导性，数字思政客体掌握的数据往往是随机的、自由的、零散的、自发的。把握好空间特性、主体在不同空间上的基础特性，并构建全程性的教育体系是实现现实空间载体、数字空间载体系统建设、协同育人的必然要求。主客体在现实空间与数字空间的统一，给教育主体带来的深刻启示是数字主体虽然占据主导优势，但数字载体一旦生成并进行了有效的传播，数字思政载体就成为客观的物质形态载体，更依赖于数字存储、传播、记录、加工等作用要素的影响，其作用效果便不再只受教育主体的影响，而更受到传播过程中形成的动态化的数字意识和数字共识的桎梏。而传统现实空间载体，能够借助客体的即时反馈，从声、情、貌的角度，根据言谈举止和肢体反馈等分析和掌握客体的基础反馈情况，因而从全过程角度来看，数字思政载体的建设需要坚持主客体统一并系统建构。

第三，多元主体的协同性数字育人。数字思政载体建设的主体包含思政教育工作者、数字媒体从业人员、思政理论课教师、网络好友等数字自然人主体，也包括数字教育管理平台、数字文化载体平台、社交媒介平台、科技企业等平台主体，这些多元化的载体建设主体，在数字思政载体的设计建设和发布、载体影响力的舆情导向、数字人际交互等方面发挥了极其重要的作用。其中，数字空间的教育主体在宣扬主流价值观、引导网络舆论走向等方面具有特殊的地位。作为数字空间的主要参与者，散离主体的重要作用除了在于提供正面的思想政治教育载体元素外，也在于在开放性的网络空间中，与错误的观点、有计划地抹黑和诬陷以及拜金主义、虚无主义等思潮进行面对面的交锋。数字平台教育是借助大众展示、社交、短视频、直播等渠道，把数字空间转变成生成和传播主流意识形态的载体，通过庞大的受众群，教育引导网络空间数字人的社会意识和社会行为，进而实现思想政治教育的目标。数字文化育人是借助数字电影、数字音乐、数字游戏等数字文化教育人、形塑人，使数字个体在接触数字文化产品时潜移默化地受其所蕴含的思想政治教育价值的引导和教育。数据育人则主要是依据数据的收集和分析、评判进行有目的的载体推送，使受教育者在满足个性化的数字生活需求的基础上，获得积极正面的思想政治教育载体的影响，增强思想认同，传播主流价值。

在数字空间中人与人的交流基于多维度的现实空间、数字空间开展多重领域的联系和沟通，数字技术更迭不断改变个体的交互模式，也催生了思想政治教育数字载体形态的不断发展变化。随着多元主体的广泛加入，孤立的、无序的、碎片化、分离式的数字思政育人不仅不能发挥合力作用，而且往往会削弱载体整体的教育效能。载体建设理论随着思想政治教育理论创新而不断演变，在思想政治教育理论的观念交锋和价值争鸣中，不断形成新的更适合载体建设的共识，这是数字思政发展的必经阶段。因而凝聚共识，建立多元协同的育人理念在数字领域显得尤为关键。

（四）技术赋能思想政治理论课程生态

"数字化赋能教育是指将大数据、人工智能等技术融入学校教育教学，推动传统教学模式的改造升级，让教师和学生从传统教育中走出来，激发教师和学生的活力和积极性，实现数字化教育。"[①]在思想政治教育载体中，思政课无疑具有举足轻重的地位。思政课是立德树人的关键阵地，是思政教育体系的主干。理论课堂相关的载体建设是推进思政教育载体创新最直接、最有效率的形式之一。随着数字技术的进步和发展，数字化教学业已成为课堂教学新常态。思政课是立德树人的关键课程，是系统性、组织性极强的课程，也是思想政治教育的核心载体。数字化技术赋能为做好思政课

[①] 饶旭鹏、王芳红：《数字化技术赋能推进高校思政课教学模式创新研究》，《北京教育》（高教）2023年第7期。

堂教学数字化、组群化、网络化、智能化、生态化建设提供了强大的技术支持，同时也为高水平、共享性、数字化思政教材提供了技术性支持。同时数字技术以"互联网+"技术、大数据分析和精准推送技术等为实践性、远程性、系统性课程矩阵的建设提供了可能。

首先，数字化技术赋能高校思政课教学模式改革。数字化技术应用于实践，高校思政课实践教学模式可以更加灵活、多样，更好地激发学生的兴趣和关注度，提升教学实效性和质量。第一，数字技术可以对学生的学习行为进行数据化分析：通过分析学生的学习行为，如学习时间、学习进度、学习方式等，可以了解他们在不同时间、不同地点的学习方式、学习效率和其他特点，为思政课的课堂建设、教材编写、教材选用、教法选择、教学模式改革等提供参考。第二，利用大数据、云计算进行精准的线上资源推送。第三，数字化技术提高了学习效果的反馈效率，学习效能的及时反馈能为思政课教学模式改革提供重要的参考意见，为差异化课堂、集群式课程矩阵的建设提供帮助。

其次，数字化技术赋能高校思政课实践教学模式。数字化技术赋能高校思政课的实践教学，利用智能设备进行教学，让学生参与思政课实践环节，使实践教学更丰富、生动。借助各大网络平台开展实践教学，准确判断学校学生的具体情况，有针对性地开展教育教学活动。借助 VR 技术使学生身临其境等，使高校思想政治建设一体化教学模式更加灵活、丰富、多样，更好地提高学生学习兴趣和关注度，增强思政课教学的针对性、有效性。

再次，数字化技术打破教育教学的时空限制。数字化技术赋能高校思政课实践教学模式，为思政课实践教学带来了便利，其中最重要的是打破时空限制。传统的思政课实践教学主要是通过观看红色影片、参观红色纪念馆等实现实践教学，或者是通过面对面的课堂授课和课堂活动实现教学，这样的模式存在一定的局限性，如学习效率不高、学习效果不理想等，而数字化技术赋能思政课教学可以解决这些问题。高校思政课实践教学主要是在理论教学的基础上通过实际操作和体验来提升学生的思想政治素养和实际能力。一是思政课实践教学可以利用虚拟现实技术（VR）或者增强现实技术（AR）营造出党史、新中国史、改革开放史、社会主义发展史逼真的仿真环境，让学生身临其境地进行实践探索，更加坚定青年学子的历史自信，提高历史自觉性，主动承担起实现中华民族伟大复兴的历史使命。二是思政课要推进中华优秀传统文化的创造性转化和创新性发展，将3D裸眼技术发挥到极致。学生们可以利用该技术在线感受中国的壮丽山河，感受中华文化的博大精深，在线与历史融合，让青年学子成为讲好中国故事、传播好中国声音的形象代言人，实现中华文明的继承与发扬。另外，高校思政课教学可以邀请优秀的专家学者进行远程直播授课，对学生出现的疑惑进行现场解答，使教师和学生实现实时互动，不仅节省了时间和成本，而且还为学生提供了更加灵活的学习机会。对思政课建设一体化教学取得的成果及时进行批改，利用在线作业批改系统及时反馈，帮助学生更深入地理解。数字化、智能化技术赋能互动式的教学模式，借助在线软件参与课堂讨论、小组讨论和游戏式教学，进一步增强思政课建设的趣味性和互动性。

此外，数字技术的发展为构建全球化、全天候、探究式、实践化教学、远程教学等提供了条件。数字化技术发展为高校思政课课程实践教学赋能，可以帮助学校更好地聚焦全球性社会问题，帮助学生理解国家战略和政策，准确把握当前世界和国内社会的政治、经济、文化、军事、生态、民生等新特点、新趋势，拓宽学生视野。一方面，数字化技术提升思政课堂知识的时效性，在课堂教学的同时，可以便利地通过数字技术、媒体技术将全球的热点问题、社会思潮等相关数据进行收集、整理和分析,并通过这些社会现实事件教授知识、传导价值;另一方面,数字化技术帮助学生自觉投入思政问题的解决中。青年学子利用大数据技术来进行线上线下的调研活动,并对收集到的信息便利地进行分析总结,利用数字技术构建数学模型,预测现象背后的社会问题及其未来的发展。同时网络直播技术、数字化虚拟现实技术的融合可以为远程授课的实现提供更好的条件,为远程课程的开发和大型思政直播课、教学实践提供了技术支撑。

最后,数字化虚拟现实技术提升思政实践课堂的吸引力和多样性。数字化 VR、AR 技术作为新出现的技术形式,为高校思政课课堂教学、教材建设、课程开发等带来了新的机遇,同时也给大学生带来了全新的思政课体验。它以新颖性、代入感、亲和力、感召力等激发了众多学生的参与兴趣。传统教室为了实现预定的效果,往往需要大量的物质资源甚至需要长途跋涉到红色资源基地进行现场教学,其效果固然重要,但旅途的劳累、场地及人数的限制,使操作性并不强,更适合作示范课堂而不适合作为普通的教学模式铺开。虚拟仿真教室以及虚拟仿真课程的建设和开发,使学生不出教室就可以切身地体会到虚拟技术所模拟的各种现实环境。这种方式方法不仅极大地节省建设成本,而且可以将学习的内容即时转化为新的数字思政载体,并可以据此开发出数字题目、互动问答、互动游戏等,通过多样化的课程建设,提升学习效果。

第四节 思想政治教育数字载体创新策略

数字技术使意识凝聚形式发生了重大变化,给思想政治教育工作开展带来了新的挑战。数字技术造就了虚拟空间,也造就了数字虚拟空间的支持环境。空间分化造成载体建设的困境。数字载体的建设发展，关系到思政教育实效性的发挥。数字载体主要以网络信息载体、新媒体、大数据、虚拟仿真载体、生成式智能载体为主。高校应抓住时代机遇，广揽贤才，打造"数字载体"融通创新新阵地。

一　打造数字空间载体创新新模式

思想政治教育工作者在网络空间上主动对一定社会群体按照教育的理念、遵循既定的教育原则，制定一定的教育方法，实现特定教育目标的一系列做法的综合就是网络思想政治教育。数字时代网络思想政治教育对思想政治教育具有举足轻重的作用，网络思想政治教育的实效性很大程度上影响着思想政治教育工作的效果。随着社会传播方式的变化，网络载体的发展越来越呈现出复杂化、多样化、极速化的趋势。然而在网络思想政治教育的工作过程中仍面临缺乏系统统筹、协同不够、机制僵化等问题，导致网络思想政治教育对促进思想政治教育工作的成效不佳，引领力缺乏。因而亟须改革当前的工作模式，推动建立包括网络思想政治教育系统理念、协同机制、工作队伍、素养培育等在内的网络思想政治教育系统，以此促进思想政治教育工作实效。

首先，注重网络多维交互性，建立载体沟通桥梁。一方面，网络对日常生活的渗入已经到了很广泛的程度，网络社交使青年人之间的互动频率与连接程度得到加强，不同青年群体以不同的理由、不同的形式开始了随意性强、数量庞大的网络群体互动；另一方面，不同的网络群体互动又会使线下青年群体在现实空间造成新的空间分化。网络空间载体的建设，需要注重青年主体依赖网络社交的现状，在载体建设中，规划更多的网络主体参与，建设更广泛的网络沟通载体，例如微信、QQ、公众号、教育群、微博、直播号等，使思想政治教育载体适应网络时代互动行为和社会关系的动态变化。

其次，适应网络空间思政教育新常态。一方面，随着互联网、物联网等技术的不断进步和发展，网络生活越来越成为日常生活不可或缺的重要组成部分。随之而来的网红、直播、热点、流量、圈层、网络推广等市场行为主导的现象充斥着网络空间场域。另一方面，现实中由于凝聚意识的空间逐渐从线下转移到线上，凝聚意识的规模越来越大，凝聚意识的范畴越来越多样，凝聚意识的起因越来越复杂，网络思想政治教育越发受到激烈的挑战。网络空间的主体在一定程度上拥有平等的表达权、话语权，又具有相对的独立性，因而吸引了众多的人群参与进来。信息技术的不断进步，网络热点问题借势传播的效率也获得指数型增长，传播的迅猛性也会不同程度地影响问题的解决，甚至放大社会存在的矛盾或者发展到不符合和谐稳定状态的方向。因而网络思政教育载体建设要通过主动地加强系统监管、舆情引导等网络空间长效治理机制，来克服市场主导化、资本逐利化、传播迅猛化的风险。

再次，系统建构网络与现实空间融合载体。网络以其自身的优势吸引了越来越多人的参与。在实际中，网络空间同样具有社会交往的属性，是现实生活在网络空间的延展，同时也是不同个体社会关系在网络上的另一种表现形态。无论是网络空间的主体和客体还是网络空间行为，二者都是现实社会的缩影，其本质上与现实生活并没有完全割裂，只不过是由一种现实的表现形态向另一种虚实结合的、放大或缩小的表现形态的转化。因而系统建构现实与网络结合的融合载体是载体建设的重要方向。在网络载体建设中，既要考虑现实的人的需求，也要考虑网络空间主体的需求，只有通过数字技术的赋能分析归纳数据背后的真实需求，才能在网络空间载体建设中取得更好的实效。

最后，网络思想政治教育载体建设仍处于探索和挖掘阶段，网络空间仍面临意识形态安全、社会道德失范、网络虚假、网络腐败、网络违法行为等诸多风险，因此，在网络空间中，需要将思想数据化、精神需求数据化，并将数据变成可以分析的对象，进而引导大学生的价值理念、思想建设等方方面面。

二 构建数字时代超时空全媒体矩阵

新媒体技术打破了传统媒体的时空隔阂。从来源上看具有多样性和开放性等特征，从形式上看具有全媒体性、数字化等特征，从传播过程上看具有超时空性、交互性等特征，从受众的反馈上来看具有自觉性和选择性等特征。媒体作为思想政治教育载体的重要承载体，它所具有的这些特征无一例外地影响着当前思想政治教育载体的建设和发展。只有适应新媒体的载体才能在当前的条件下获得传播，才能在多样的其他非思政教育类型的载体中获得存在、传播、发展的媒体空间。

全球一体化进程的深入，决定了当代社会价值观导向的复杂性，大学生思想观念所受到的影响也呈现出多元化趋势，这就对当代高校大学生思想政治教育工作提出了全新的要求，倘若在思想政治教育中忽略新媒体环境的影响而盲目开展工作，则思想政治教育的实效性自然难以得到切实保证。因此，当代高校大学生思想政治教育工作者应当立足于时代前沿，在相关理论的指导作用下结合实际情况，充分把握住新媒体优势，将传统思想政治教育工作进行全面改革，以能够切实响应信息时代思想政治教育发展的号召，探寻新媒体环境下的大学生思想政治教育载体，更好地适应当代大学生心理特点以及媒介素养的新变化，更好地发挥新媒体的系统优势，建设全时段的媒体矩阵。

三 数智技术充分赋能载体创新

近年来，以大数据、云计算、生成式智能、仿真智能为代表的新的数字技术发展迅速，其实质就是以"数智技术"为支撑，数智技术在高校数字化教育资源载体创新中具有资源丰富、全程参与、易于引导、便于共享等方面的优势。高校应抓住数智技术赋能教育的红利。

第一，大数据等技术赋能教育智能化管理。首先，形成通用数字化教育资源共享平台。数字技术是智能化管理的利器，智能化管理平台呼吁的跨系统和跨区域的高校数字化教育资源共享和管理模式，由于大数据、云计算等技术的引入变得简单可行。其次，促进高校数字化教育资源有效整合。长期以来，各高校间缺乏交流和共享机制，使数字化教育资源的共享性、共建性羸弱。在各高校自行开启的数字化教育资源建设过程中，出现了低质量的重复建设等情况。数字技术以更低廉的建设和维护成本，解决了高校思政育人共享不足、重复建设等问题，促进了高校数字化教育资源的有效整合。

第二，虚拟仿真技术促进载体多元化创新。虚拟仿真技术打破了物理隔阂，提升了载体体验。虚拟仿真空间突破了现实世界的物理限制，建构了数字化的虚拟环境，为用户带来了沉浸式、交互式、可定制化的全新体验。随着不同类型的 VR 技术的升级，虚拟仿真课堂、虚拟实践课堂、虚拟交互空间不断出现，受教育者会拥有全新的教育体验感和满足感，这充分提升了载体育人的实效。

第三，生成式智能技术助力载体生产力提升。Chat GPT、AI 影音、语言机器人等生成式、交互式人工智能技术的出现，表明了数字技术本身具有载体生产力，为载体创新提供了动力条件。数字技术带来了载体形态的深刻变革，从传统的实物形式，慢慢地转变为文、声、形、图、像、影等结合的综合形式。同时按照传播宣传等规律和习惯，抓住载体建设的黄金期并主动作为，提升人机协同能力，强化思想政治教育主流价值引导。思想政治教育的主导权应牢牢掌握在教育主体手中，只有这样才能更好地保持思想政治教育的基本理论、基本原则、基本方向。然而随着生成式人工智能的出现和快速发展，其在载体建设的应用领域越来越广泛。例如在媒体上的 AI 智能生图配图、排版、智能生成通讯文稿；在学术领域的论文生成、智能讲演稿；在文化领域的 AI 小说；在美术等领域的智能绘画、剪辑等。随着数字技术越来越影响载体生成和建设的方方面面，其对思政教育主体地位的挑战也越来越大。在此过程中，教育者弱化或放弃教育主导权的风险需要在教育主体中引起重视，防患于未然。坚持"教育者主导""人机协同"的原则，教育者履行好载体建设"质检员""把关人"的角色，进而实现人工智能赋能思想政治教育变革的良好趋势。

第四，载体建设与数字模块技术相融相促。载体建设与数字技术的关系是双向互动的，数字技术为载体建设提供技术支撑和原生动力，思想政治教育载体建设则为数字技术的发展提供更丰富的题材，使与思政教育载体建设相关"模块技术"得到发展的契机。例如大型直播课程的需求催生了大型网络直播技术的更新换代，使大型网络直播的技术得到进一步提升，而其他数字思政载体的建设和发展则不同程度地促进了相关设备建造、技术升级、母版、模具业务等的发展，进一步支撑了思政教育相关产业的市场化、商品化进程。

第五，加强监管布控，构建文明、规范的数字空间。数字技术在载体建设方面的创新应用，除了形式上的创新之外，更重要的是实现思想政治教育的思想价值引领的目标。因而数字化载体创新也是实现载体"凝神铸魂"的过程，这个过程实质是或互动或开放或被动或自觉的教育过程。因而通过载体建设推动形成适应新时代网络文明建设要求的思想观念、文化风尚、道德追求、行为规范、法治环境、创建机制，构建爱国守法、清朗和谐、开放互利、文明规范的数字空间也是思想政治教育载体的重要目标。数字空间中的思想政治教育者有责任、有义务及时指出现实中或网络上违背社会主义核心价值观的现象，通过加强数字思政载体的建设，共同筑牢空间意识形态安全屏障。当前数字空间信息来源广泛、隐蔽性强、溯源困难等特点，导致数字空间的信息载体存在监管难度大的风险。一方面，需要从政府等层面加强技术监管和违法查处，主管部门深入把握热点来源和动向，加快网络监管立法，增强执法密度，建立风险预警机制，制定应急处置方案等，这样能有效遏制违法犯罪等行为的发生；另一方面，思想政治教育者则要利用数字载体全方位、全天候、全过程地密切关注对青年学生影响较大的热点事件、重点人物和人群，关注涉及思想引领等价值层面的舆情，自觉做好抵御意识形态风险和利用热点炒作网络舆情进而攻击社会主义制度的准备。

第六，技术赋能主动彰显人文关怀。随着新时代高科技的发展，特别是仿真技术、生成式人工智能的出现，使思想政治教育有更多可以利用的工具，思想政治教育载体的吸引力、体验感都得到了有效的提升。思想政治教育本质上是"做人的工作"，现实中人的思想意识、社交活动、消遣娱乐、技能提升等都越来越离不开数字空间，这种发展趋势造就了"数字人"的现象。因而思想政治教育者在数字空间开展思想政治教育时，首先，要主动注重人文关怀，了解青年的思想动态、价值追求和精神诉求，这样才能做好思想政治教育载体的系统谋划、体系设计、建设运维、充分利用。为此，思想政治教育者要贴近学生，贴近思想政治教育实际，主动了解当下学生喜闻乐见的载体形式，以及容易成为学生主流的网络游戏、社交模式等，把握学生对思政教育载体的群体性认知态度和接受程度，学会循循善诱。其次，思想政治教育者要与学生保持互动，主动关心和关注大学生学习和生活以及情感上的疑难杂症，关心学生成长过程中遇到的一系列问题和烦恼，真正融入青年学生的成长成才过程中。对于沉溺于网络空间、人工智能、虚拟现实等技术的学生，需要加强引导，加强家校、朋辈的合作监督，督促其合理使用技术，积极参加现实空间的学习、交友、体育、校园文化建设以及社会实践活动，促进人的全面发展。最后，思想政治教育者要结合实际，身体力行，带头践行社会主义核心价值观念，发挥表率作用，坚决杜绝依靠数字技术的智能特征，便捷地进行抄袭、一键生成等极端不严谨、有违科学精神的学术不端行为，善用而不滥用数字技术，真正发挥好思想政治教育的育人作用。

第六章

数字化时代高校思想政治教育创新实践探究

第一节 数字化时代高校思想政治教育创新实践的现状

一 高校思想政治教育创新实践的现状

近年来,数字化技术的快速发展和普及,深刻地改变了人们的学习、生活和交流方式。数字化时代的到来,对高校思想政治教育工作提出了新的挑战和要求,适应时代发展,推动高校思想政治教育工作创新,激发学生的思想活力,增强爱国主义、社会主义核心价值观和中华优秀传统文化的自信等。随着数字化时代的到来,高校课程教学方法领域不断拓展,在与数字化技术相结合的情况下持续获得新的成果。就移动学习应用方面而言,随着智能手机的普及,高校思想政治教育开始利用移动学习应用。学生可以通过手机随时随地进行学习和交流,例如使用在线学习平台、教育类 App 等。就虚拟现实技术方面而言,利用虚拟现实技术,高校可以为学生提供身临其境的体验,例如创建虚拟实景,让学生在虚拟环境中参观历史场景或进行实践活动,以增强学习效果;数据分析与个性化全方位辅导,高校开始运用数据分析技术,收集学生的学习行为和表现数据，以便制定个性化的思想政治教育方案和提供针对性的辅导；在线社区与讨论平台重新建构，高校思想政治教育注重学生互动和讨论，因此开设在线社区和讨论平台成为一种新的创新方式。学生可以在这些平台上参与讨论，分享观点和经验，扩展思维广度；技术与道德教育新融合，数字化时代高校思想政治教育将技术教育与道德教育融合起来，强调学生在数字化环境中的正确使用和道德意识培养，例如网络安全教育、信息伦理教育等；跨学科教学升级，高校思想政治教育倡导跨学科的教学方法，将人文科学、社会科学与技术科学相结合，引导学生全面理解和应用思想政治知识。

2022年在新时代教育改革发展历程中极不平凡，教育部深入学习贯彻党的二十大精神，贯彻落实习近平总书记关于教育、关于数字中国建设的重要论述，立足国家战略、回应时代需求，启动实施国家教育数字化战略行动。在党中央的高度重视下，在教育部党组的坚强领导和全教育战线的共同努力下，国家教育数字化战略行动取得了显著成效，如全新设计开通国家智慧教育门户，国家智慧教育公共服务平台正式上线；按照"三横三纵"定位构建资源布局，中小学、职业教育、高等教育三个平台集成整合于国家门户同步上线，迅速形成覆盖基础教育、职业教育、高等教育的"三横"，以及以课程教学资源为主体，广泛征集思政教育、体育锻炼、劳动实践、艺术活动等内容，持续丰富德育、智育、体美劳育"三纵"资源，体现"五育并举；聚焦重点领域推出优质高效的公共服务，大学生就业服务平台作为国家门户首个公共服务上线，提供丰富的政策、岗位信息和指导服务，全年共享岗位达到1370万个，通过平台就业的毕业生占比从2021年的24%增长到2022年的31.6%；上线动态专题回应师生和社会关切，国家门户同步上线"抗击疫情""心理健康""北京冬奥精神"专题，为广大师生及时提供疫情防控政策权威信息和心理健康视频资源以及咨询服务；开展试点示范助力形成平台体系，分批启动实施国家智慧教育平台应用试点，实现了31个省（区、市）和新疆生产建设兵团试点全覆盖；为构建标准规范体系发挥引领作用，围绕平台工具、数据资源、环境设备、数字素养、网络安全等方面，研制出台10个管理规范和8项行业标准；深化国际交流宣介数字教育理念，举办2022国际人工智能与教育会议，召开2022世界慕课与在线教育大会，分享中国建设智慧教育平台、发展数字教育的理念和做法，积极推动形成数字教育发展共识，等等。①

落实到学校教学结合数字化具体建设而言，教育部科学技术与信息化司自2018年以来开展教育信息化教学应用实践共同体项目遴选推荐工作。至2022年为止，共同体项目类别包括同步/传递课堂、名校网络课堂、翻转课堂、网络学习空间、在线开放课程、跨学科学习（STEAM教育）、智能教育、名师课堂应用模式、虚拟仿真教学应用模式、5G条件下教学应用模式、线上线下融合教学、智能体育教学，以及2022年包含数字化赋能和数字化支撑的最新成果（见表6-1）。尤其值得注意的是，2021年遴选项目类别中包含网络思政教育，分别由省教育厅、市教育局、高校、职业技术院校等不同单位主体基于自身不同教学管理平台进行研究（见表6-2）。

表6-1　2022年度教育信息化教学应用实践共同体项目名单

序号	项目类别	省份	共同体项目名称	牵头单位
1	网络教研	广东	"众智行远"智能教研环境设计及应用实践共同体	华南师范大学

---

① 教育部科学技术与信息化司：《一年来推进教育数字化总体情况》，中华人民共和国教育部网站，http://www.moe.gov.cn/jyb_xwfb/xw_fbh/moe_2606/2023/cfh_0209/cailiao/202302/t20230209_1043125.html。

续表

序号	项目类别	省份	共同体项目名称	牵头单位
2	网络教研	江苏	深度 精准 优质：基于区校协同的智能教研实践共同体	江苏省徐州市泉山区教育局
3	网络教研	河南	聚焦融合 深化应用 教育信息化促均衡发展	河南省叶县教育体育局
4	网络教研	河北	基于"虚拟教研室"的乡村教师研修实践共同体	河北省唐山市开平区教育局
5	网络教研	湖南	芙蓉网络联校教研体	湖南省教育厅
6	智能美育教学	重庆	"新智慧美育"系统构建与融合实践共同体	重庆高新技术产业开发区管理委员会公共服务局
7	智能美育教学	江苏	大中小学一体化贯通智能美育教学实践共同体	苏州市职业大学
8	智能美育教学	北京	大中小一体化数字美育双反哺教学实践共同体	首都师范大学
9	智能美育教学	浙江	数字赋能 共富共美：艺术互联网学校创建共同体	浙江省桐乡市教育局
10	智能美育教学	湖北	"美育在线专递课堂"智能美育教学共同体	湖北第二师范学院
11	数字化赋能劳动教育	广东	"数智"劳动教育研究共同体	广东省江门市江海区景贤小学
12	数字化赋能劳动教育	安徽	大中小学劳动教育数字资源的建设与应用共同体	安徽艺术学院
13	数字化赋能劳动教育	浙江	"劳动课堂"数字场景建设与应用共同体	浙江省天台县教育局
14	数字化赋能劳动教育	湖南	智慧教育平台赋能职业院校劳动教育应用实践	湖南铁路科技职业技术学院
15	数字化赋能劳动教育	吉林	吉地智联劳动教育实践共同体	吉林省教育技术装备中心
16	信息化支撑学生综合素质评价	陕西	数字化支撑的高校育人综合评价改革共同体	西安电子科技大学

续表

序号	项目类别	省份	共同体项目名称	牵头单位
17	信息化支撑学生综合素质评价	广东	实验教学数字化及个性化评价体系研究	华南理工大学
18	信息化支撑学生综合素质评价	四川	基于场景融通开展学生综合素质画像的实践	四川省成都市武侯区教育局
19	信息化支撑学生综合素质评价	重庆	数据驱动下的成渝经济圈学生职业能力评价实践	重庆工程职业技术学院
20	信息化支撑学生综合素质评价	上海	大数据范式下的诊改驱动型学生综合素质评价	上海市材料工程学校

数据来源：中国教育部网站。

表6-2　2021年度教育信息化教学应用实践共同体项目名单

序号	应用模式	省份	共同体项目名称	牵头单位
1	线上线下融合教学	河北	"双线"教学共融共享应用场景研究与实践	邯郸职业技术学院
2	线上线下融合教学	河北	校本资源库支撑下的线上线下融合教学	石家庄市裕华区教育局
3	线上线下融合教学	黑龙江	同步异步结合现场远程融合的跨校教学共同体	哈尔滨工业大学
4	线上线下融合教学	广西	AI双师编程教学实践共同体	南宁师范大学
5	线上线下融合教学	北京	线上线下双向融合，重塑教学新生态实践共同体	北京市第一〇一中学
6	线上线下融合教学	辽宁	U-G-S模式多空间融合项目式教学共同体建设研究	沈阳师范大学
7	线上线下融合教学	山东	SPOC环境下融合式教学（OMO）模式创新实践共同体	山东师范大学
8	线上线下融合教学	重庆	基于"名校网络课堂"的跨区域教育均衡发展共同体	重庆市巴蜀中学校
9	网络思政教育	湖北	中小学班主任立德树人网络实践共同体	湖北第二师范学院

续表

序号	应用模式	省份	共同体项目名称	牵头单位
10	网络思政教育	山东	"文化+网络"双赋能的数字化思政教育教学资源库	济宁职业技术学院
11	网络思政教育	青海	全媒体时代网络思政教育活动的设计与实施共同体	西宁市城中区教育局
12	网络思政教育	湖南	"我是接班人"网络大课堂	湖南省教育厅
13	网络思政教育	江苏	基于互联网的"双线融合，四新并举"家校社协同育人创新实践共同体	徐州市鼓楼区教育局
14	网络思政教育	福建	基于思政大课堂的教学与阅读的高度融合	龙岩学院
15	智能体育教学	上海	智能体育教学模式研发与实践应用共同体	华东师范大学
16	智能体育教学	湖南	基于"学练赛评"的智慧体育共同体	长沙市教育局
17	智能体育教学	广东	智能体育学生数据分析与教学应用实践共同体	深圳市福田区教育科学研究院附属小学
18	智能体育教学	湖北	智能体育与考评云平台教学应用实践共同体	襄阳市教育装备中心
19	智能体育教学	安徽	合肥市智慧体育的研究与应用	合肥市包河区教育体育局
20	智能体育教学	上海	数智化体育教学与科学评估应用实践共同体	上海体育学院
21	智能体育教学	北京	东城区体育教学智能指导系统构建与实践	北京市东城区教育科学研究院

数据来源：中国教育部网站。

数字化时代高校思想政治教育的创新虽然带来了许多机遇，但也面临一些问题。首先，各高校和教师团体技术依赖与不平衡是一个较为突出的问题。数字化技术在不同地区、不同高校之间的应用程度存在差异，某些高校可能由于经济条件限制或其他原因，无法提供充足的信息技术设备和资源，导致技术应用受到限制。这使部分学校无法充分利用现代化技术手段进行思想政治教育，数字化程度较高的高校存在明显差距。数字化技术在城市和农村及不同地区之间的普及程度存在差异，造成了数字鸿沟。一些地方的高校可能缺乏稳定的网络连接、宽带网络、计算机设备等，无法充分利用信息技术进行思想政治教育。数字化时代对思想政治教育教师的要求更高，需要他们掌握信息技术，并能灵活运用到教学实践中。然而，一些教师可能缺乏相关技术知识和能力，不熟悉现代化的教学方法和工具，影响了数字化思政教育的有效推进。

其次，学生注意力分散也是一个普遍存在的问题。数字化时代学生普遍使用手机、平板等移动设备，沉迷于社交媒体和游戏等应用，面临着大量的信息源，容易陷入信息过载状态，分散注意力，难以集中精力进行深入学习。这对于思想政治教育者提出了挑战，需要教育者更好地引导学生正确利用信息资源。

再次，高校思想政治教育创新面临着舆论安全和网络风险的挑战。数字化时代高校思想政治教育的开展离不开网络平台，然而网络上存在着各种舆论安全和网络风险，例如信息泄露、网络谣言等问题，这给思想政治教育带来一定的困扰。高校应加强学生和教职员工的网络安全教育，提高他们对网络风险和威胁的认识。教育他们遵循网络安全规范，使用安全的密码、软件和网络设备，以及识别和防范网络钓鱼、诈骗等网络攻击。针对学生使用社交媒体的情况，高校可以加强对学生的社交媒体教育和引导，培养他们正确、负责任地使用社交媒体的意识。教授学生如何辨别虚假信息、如何对待网络暴力和谣言等，提高他们的网络素养和自我保护能力。

最后，在结合数字化教育建设中需要重视学生个人隐私保护。

数字化时代的教育活动涉及学生个人信息的收集和使用，保护学生隐私成为一个重要问题。高校应建立明确的隐私政策，明确规定学生个人信息的收集、处理和保护方式。确保学生了解自己的权益，包括个人信息的保密、禁止未经授权的信息共享等。同时，高校应引导学生正确使用各种在线平台和社交媒体，告知他们网络上个人隐私保护的重要性。教育学生不要随意透露个人身份信息、家庭住址、联系方式等敏感信息，并加强对钓鱼网站和恶意软件的识别。相应地，高校思想政治教育也要引导学生培养健康的网络行为习惯。鼓励学生自觉遵守网络道德规范，尊重他人的隐私，不参与网络欺凌、网络暴力等不良行为。

二 数字化时代高校思想政治教育实践创新的要求

2016年2月，习近平总书记在北京召开的党的新闻舆论工作座谈会上指出："在新的时代条件下，党的新闻舆论工作的职责和使命是：高举旗帜、引领导向，围绕中心、服务大局，团结人民、鼓舞士气，成风化人、凝心聚力，澄清谬误、明辨是非，联接中外、沟通世界。"[①] 2018年8月，习近平总书记在全国宣传思想工作会议讲话中继续强调，做好新形势下宣传思想工作，必须自觉承担起举旗帜、聚民心、育新人、兴文化、展形象的使命任务。上述涵盖6个方面的48字方针，以及习近平总书记对国内国际形势、意识形态领域态势、数字化发展趋势的深刻分析，为我们党务宣传工作者、高校思想政治教育工作者提供了做好新闻宣传工作的新要求、新规划和科学行动指南，提出了做好新形势下宣传思想工作的使命任务。作为思想政治教育者的教师，要对习近平总书记的重要讲话精神准确理解、全面把握。在数字化时代的今天，

---

① 中共中央宣传部新闻局编：《习近平总书记党的新闻舆论工作座谈会重要讲话精神学习辅助材料》，学习出版社2016年版，第5—6页。

我们依然要坚持马克思主义新闻观，坚持党性原则，不断创新新闻传播平台建设，提升管理队伍素质，自觉抵制西方意识形态的渗透，防止境外敌对势力企图通过数字化新媒体腐蚀分化中国的阴谋。

在上述原则指导下，具体落实到高校思想政治新媒体教育和管理平台的建设创新，教育工作者仍然要坚持马克思主义新闻观，即坚持党性原则、人民性原则、真实性原则，以及推动传统媒体和新兴媒体融合发展。中国特色社会主义是党和人民长期奋斗、创造、积累的根本成就。习近平总书记指出："党和国家的长期实践充分证明，只有社会主义才能救中国，只有中国特色社会主义才能发展中国。"① 这意味着，高校思想政治教育平台需要对向大学生传播的信息进行严格把关，营造良好的舆论环境和生态网络，创建数字化时代干净、整洁的新媒体交流互动平台。另外，教育平台必须时刻警惕西方意识形态的渗透入侵，谨防不法分子各种新形式的网络攻击。这要求我们高校思想政治教育平台中的管理机制和管理人员两方面建设时刻做到与时俱进，更新管理系统和管理技术，保持数字化时代技术前沿。创新建设高校教育平台的干净环境，要以坚持党性原则为基础。

首先要坚持党性原则。坚持党性原则，高举旗帜、引领导向，这是教育工作者政治性和导向作用的集中体现，关系到旗帜、道路、制度等根本性、方向性问题。其次，坚持人民性原则要求高校新闻舆论工作坚持以人民为中心，把实现好、维护好、发展好最广大人民的根本利益作为出发点和落脚点。坚持为了人民、依靠人民，从群众中来、到群众中去，全心全意为人民服务，这是无产阶级政党新闻舆论事业的基本宗旨，也是党的新闻舆论事业

---

① 《习近平谈治国理政》（第一卷），外文出版社2018年版，第7页。

健康发展的可靠保证。落实到具体的高校思想政治新媒体平台的建设中，这要求我们要从学生中来、到学生中去，全心全意为高校师生服务，倾听学生的呼声，让学生有发声、表达自己意见观点的平台渠道。具体而言，高校思想政治教育工作者可以通过开设学校官方微信公众号，利用好虚拟仿真教学、人工智能、校园BBS、微信、微博、QQ等新兴网络平台，积极开展师生间交流访谈、在线咨询答疑等活动。在利用好数字化时代新媒体交流平台与学生线上交流互动的同时，还应尽量深入了解学生在日常学习生活中可能遇到的问题，不能忽视他们的合理诉求和意见。其中最难处理的是针对社会、学校负面热点新闻的舆论管理。在这一点上，校方媒体平台在允许学生讨论、发表观点的同时，要做好保障新闻真实性和引导舆论正确价值观的相关工作，在保障学生表达观点权利的同时，也要引导好学生树立正确价值观。

再次，坚持真实性原则要求我们要根据事实来描述事实，既准确报道事实，又从宏观上把握和反映事件或事物的全貌。我们既在微观上追求细节的真实，更要从宏观上真实地把握和反映事物的全貌，发现事物之间的内在联系和发展趋势，认识事物的本质和规律。马克思主义新闻观的真实性原则认为，新闻报道的真实性原则不仅仅体现在报道中，更反映在认识和看待世界的立场和观点上。因此，面对今天快速传播更新的海量信息，数字化时代下种种新媒体平台包含的虚假信息，以及暴力、色情等不良信息，特别要求我们高校思想政治教育工作者要时刻甄别网络信息，主动加强对信息的审核和把关，保障数字化时代高校新媒体平台上的新闻内容真实可靠，坚持正确价值观的舆论引导，用先进的文化占领网络舆论阵地，以真实、客观、公正的态度，展现出新闻内容中健康、正能量的积极一面，为正处于价值观塑造阶段的大学生保驾护航，帮助他们树立正确的世界观、人生观、价值观。当今信息在网络上传播快速之余，还有传播源隐蔽、传播者匿名、传播途中内容易受曲解等特征。数字化时代下信息网络传播的种种新特征，都给高校思想政治教育者提出了新的挑战。

最后，传统媒体和新兴媒体融合发展。习近平总书记在2014年8月中央全面深化改革领导小组第四次会议上强调，推动传统媒体和新兴媒体融合发展，要遵循新闻传播规律和新兴媒体发展规律，强化互联网思维，坚持传统媒体和新兴媒体优势互补、一体发展，坚持先进技术为支撑、内容建设为根本，推动传统媒体和新兴媒体在内容、渠道、平台、经营、管理等方面的深度融合，着力打造一批形态多样、手段先进、具有竞争力的新型主流媒体，建成几家拥有强大实力和传播力、公信力、影响力的新型媒体集团，形成立体多样、融合发展的现代传播体系。要一手抓融合，一手抓管理，确保融合发展沿着正确方向推进。习近平总书记在2019年1月中共中央政治局第十二次集体学习中还强调，要运用信息革命成果，推动媒体融合向纵深发展，做大做强主流舆论，巩固全党全国人民团结奋斗的共同思想基础，为实现"两个一百年"奋斗目标、实现中华民族伟大复兴的中国梦提供强大精神力量和舆论支持。综上所述，具体到高校思想政治教育层面的精神落实，就是要求高校自身结合数字化时代下的新兴媒体，如上述虚拟仿真教学平台、人工智能、校园BBS论坛、微信公众号、微博等，打造具有本校特色品牌的新媒体教育平台，结合党的群众路线，宣传内容健康优秀的校园新闻信息，在信息传播层面做好甄别、剔除不良信息等意识形态工作。

习近平总书记在2018年全国网络安全和信息化工作会议上的讲话从意识形态、网络安全、核心技术、国家治理、国际治理等方面告诫我们要看到信息化对治国理政带来的风险挑战。习近平总书记强调，互联网管理是一项政治性极强的工作，要强化互联网思维,坚持正能量是总要求,管得住是硬道理,用得好是真本事。在信息化时代下,高校思想政治教育的内外部均发生翻天覆地的变化,而习近平总书记的讲话意味着在新态势下高校思想政治教育实践创新必须融合当今大数据资源,充分获取大数据的先进力量。在高校思想政治教育与大数据融合创新的具体实践中,"大数据作为一种数据资源呈现在高校思想政治教育面前时,其数据容纳的海量性、数据形态的多元异构性、数据收集过程的自动化、数据供给的持续动态性等优势,为全面、深入了解教学对象提供了可能。大数据背景下高校思想政治教育创新的目标就是要充分运用大数据资源,实现更为全面、更为真实、更为深入、更为高效以及持续动态地了解教育对象,来增强高校思想政治教育的精确性"[①]。在传统高校思想政治教育过程中,受限于传统教学方式,教育者只能在一定程度上了解教学对象,无论是以传统媒体还是新媒体的方式,都存在种种弊端和局限性,没办法全面、高效地动态了解每位教学对象的具体情况。在这一点上,与传统新媒体相比,利用数据资源显然更能够帮助教学者动态跟进每位教学对象,并立足于每位教学对象的独特个性特征进行跟踪教育。

利用好大数据等新兴数字技术也要求培养掌握相关应用技术的大数据人才。高校思想政治教育融合大数据创新建设并不是单单掌握相关数据技术,也不是单纯收集大量数据,大数据的价值在于有针对性地收集、分析数据,并得出相应结果。而面对收集而来的海量数据,需要专业人员对其进行分析。因此,培养拥有相关技能的专业人才势在必行。然而,当前大部分高校思想政治教育队伍,普遍缺乏对大数据技术应用和数据分析的能力,而掌握相关应用技术的技术人才缺乏对高校思想政治教育的认识和需求的了解。为适应

---

① 张瑞敏:《大数据背景下高校思想政治教育创新研究》,博士学位论文,华东师范大学,2020年。

数字化时代新型教学模式的转变,一方面,需要对原有高校思想政治教育队伍进行大数据等新兴数字化技术教育、培训,加强教育工作者数据运用的意识;另一方面,在日后的教育队伍人才引进中,可以有针对性地加强对相关专业背景人才的引进。

借力于大数据等数字化时代新教学资源,推进高校思想政治教育协同性创新建设。中共中央办公厅、国务院办公厅在2019年颁发的《关于深化新时代学校思想政治理论课改革创新的若干意见》第17点提到:"整体推进高校课程思政和中小学学科德育。深度挖掘高校各学科门类专业课程和中小学语文、历史、地理、体育、艺术等所有课程蕴含的思想政治教育资源,解决好各类课程与思政课相互配合的问题,发挥所有课程育人功能,构建全面覆盖、类型丰富、层次递进、相互支撑的课程体系,使各类课程与思政课同向同行,形成协同效应。"[①] 数字化时代,党和国家对高校思想政治教育工作部署的重要一环就是立足大中小学思政课的一体化协同性建设。协同性建设意味着教学维度的新拓展,即纵向与横向。具体落实到高校领域,纵向建设要求学校、院系、不同年级的班级内部协同一致,即要求高校中不同培养层次和各年级受教育者的思想政治教育连贯性与阶段一致性。横向建设则要求充分利用高校、社会教学资源,不再局限在思政课堂上,如开辟校外第二课堂、打通现实空间与虚拟空间的教学壁垒,拓展教学空间。

就此而言,双向维度建设给我们的高校思想政治教育课程与教育者提出了新要求。当前高校思想政治教育具体实施过程中仍存在多种问题,如不同教育者职责界限不清、联系关联性不强,仍未能充分利用高校内部本身教学资源。目前思想政治教育主要由思政课专任教师、辅导员等专职队伍来完成。在加强思政课程和课程思政

---

① 《关于深化新时代学校思想政治理论课改革创新的若干意见》,新华网,http://www.xinhuanet.com/politics/2019-08/14/c_1124876294.htm。

的结合教育上，专业课教师也参与到思政教育中来。在这一点上，充分利用大数据等信息资源，能够高效提升专业课教师与辅导员、思政课专业教师之间的教学交流，在资源整合的基础上帮助专业课教师依据自身专业课特点，在授课过程中充分发掘专业课教学思政元素，并且实现学科间交流，对不同专业、教育阶段背景的学生有针对性地进行连贯式思政教学。

当前数字化时代下的协同性建设，也给广大思政教育工作者提出新的要求，即要主动适应数字化转型的发展趋势。教学工作者适应教育数字化转型，需要建立数字技术在促进教育改革，间接推动核心素养教育的理念，认识到数字技术在促进教育体制、机制、学校功能等方向性变革上起着重要作用，这就需要教育工作者在宏观层面认识到数字技术推动教学变革的教学逻辑：数字化时代数字技术及其他科技创新不可避免地进一步推动社会转型，而社会转型包括传统知识体系教学走向核心素养教育。在这种情况下，传统讲授教学已经不能承载学科核心素养教学任务，符合自主、合作、探究学习理念的大单元、主题化、项目式学习将成为常态。数字化时代数字化转型也推动着我们整个教学空间的数字化发展。

第二节　数字化时代高校思想政治教育实践场域的理论建构

一　布尔迪厄的实践场域理论

自法国哲学家、社会学家皮埃尔·布尔迪厄的实践场域理论问世以来，社会学、政治学、语言学、教育学、艺术学等多个学科领域均受到其深远影响，无论是研究对象抑或是研究方法的转变、补充。教育、教学行为当然属于广义上的实践一环，在此我们可以借用布尔迪厄的实践场域理论建构当今数字化时代下高校思想政治教育的实践场域。

布尔迪厄所关注的实践问题在西方最早可以追溯到亚里士多德,发展至今该问题已涵盖多个学科,在各个领域都有一席之地。布尔迪厄的实践领域深受马克思主义实践观影响,前者在继承马克思主义实践观的基础上,进一步发展"资本""阶级""习惯"等概念,建构出自己的实践场域理论。因此,在建构当今数字化时代高校思想政治教育背景下借用布尔迪厄的实践场域理论,从侧面展现了深受马克思主义影响而诞生的新社会理论反哺马克思主义发展的又一实例,以拓宽马克思主义当代视野。

马克思主义从实践出发,从普遍联系和永恒发展方面把握人和世界的关系,这当然包括客观世界和主观世界。在此基础上正确、全面地认识世界,进而改造世界。实践是认识世界和改造世界的根本途径,人类通过实践与世界相联系,跟世界、自身打交道。马克思认为,人类生存和发展的最根本活动就是实践,是人类后续认识产生和发展的基础,也是最终价值与真理相统一的基础。他指出:"我们看到,主观主义和客观主义,唯灵主义和唯物主义,活动和受动,只是在社会状态中才失去它们彼此间的对立,从而失去它们作为这样的对立面的存在;我们看到,理论的对立本身的解决,只有通过实践方式,只有借助于人的实践力量,才是可能的。"① 在这里,马克思主义全部社会生活在本质上就是实践。马克思、恩格斯在《德意志意识形态》中进一步指出在人类历史中首要的社会实践活动是物质资料生产,这也是其他一切人类历史活动展开、进行的条件,包括人类思维活动:"它不是在每个时代中寻找某种范畴,而是始终站在现实历史的基础上,不是从观念出发来解释实践,而是从物质实践出发来解释各种观念形态。"② 具体而言,马克思主义

---

① 《马克思恩格斯全集》第三卷,人民出版社2002年版,第306页。
② 《马克思恩格斯选集》(第一卷),人民出版社2012年版,第172页。

的实践就是人类生存的基本途径，也是后续人类实现自身价值的基础。无论是与自然界打交道，还是创建、推动人类社会的发展，一切都依赖于人类的实践，而这当中最重要的就是物质资料的具体生产活动，简言之："实践是人类生存和发展最基本的活动，是人类社会生活的本质，是人的认识产生和发展的基础。"[1] 实践不仅建立起人与自然性、社会性之间的联系，而且也是人实现自身的生成性的基础。大自然通过实践进入人类历史视域，同样地，人自身的价值也在实践中得到实现。而归属到最后，马克思实践观的最终目标就是实现人的自由而全面的发展，这一点也与科学社会主义中共产主义社会的根本特征相一致。

布尔迪厄的实践场域理论深受马克思实践观影响，但他并不主张马克思从实践主体、实践客体的二元划分（当然这是粗略的看法）出发探讨实践，而是更多地从"关系"本身入手探讨人与实践之间的关系。在马克思的实践理论上，布尔迪厄发展出自己能动的文化实践理论体系，亦被称作"结构动力学""强调社会结构本身也是人的历史活动的产物，是富有内在生命力的"[2]。他不仅对当时的资本主义社会进行社会数据实证分析调查，而且还从辩证法动态、发生的维度关注社会各个层面体系的生成发展。而在这样一个新视角下的社会系统里，"判断社会成员出身的标准不再是马克思的劳动分工，而是个体所表现出的文化配置，文化配置通过区分的作用将不同的阶级区分开来，并根据阶级内部对于社会位置，也就是场域位置的不断斗争，分析出了各个阶层在当代社会不断进行文化斗争的事实，而这正是文化实践区分于生产实践形式所体现出的更适用于现代资本主义社会的一面"[3]。在这一

---

[1] 《马克思主义基本原理》，高等教育出版社2023年版，第73页。
[2] 高宣扬：《当代法国思想五十年》，中国人民大学出版社2016年版，第471、482页。
[3] 孙忠良：《布尔迪厄的文化实践理论研究》，硕士学位论文，黑龙江大学，2018年。

点上，布尔迪厄对当代资本主义社会的观察进一步补充完善了马克思主义实践理论。

布尔迪厄的实践场域理论是他对社会学和文化研究的重要贡献之一。该理论主要强调了社会实践和结构之间的相互作用，以及个体在不同社会领域中的行为和观念如何受到社会结构和权力关系的影响。根据布尔迪厄的实践场域理论，社会生活可以被看作是由各种互相交织的社会领域或"场域"构成的。这些场域包括教育、政治、经济、文化等，每个场域都有其特定的规则、资源和权力结构。个体通过参与这些场域来获取社会地位和资本，例如文化资本、经济资本等。布尔迪厄强调了社会实践的符号性和象征性，认为社会的结构和权力关系通过符号和象征的流通来得以维持和再生产。他还提出了"符号暴力"的概念，指出社会结构和权力关系如何通过符号和象征来约束和塑造个体的行为和观念。总的来说，布尔迪厄的实践场域理论深刻地揭示了社会结构和个体实践之间的互动关系，对于理解社会中的权力、文化和社会阶层具有重要的启发意义。

布尔迪厄最早在《实践理论大纲》《实践感》中提出"场域"概念，于1988年在芝加哥大学为期一个学期的博士生研讨班中作为专题进行讨论，并尝试给出定义，探讨成果以《反思社会学导引》结集出版。最后在1990年出版的《实践的逻辑》中，布尔迪厄总结他一生所关注的中心问题："在人为地分裂社会科学的对立之中，最根本也是最要命的是主观主义和客观主义的对立，这种对立导致了绝大部分的社会学家只选上述两元对立的其一。"[①] 以此，布尔迪厄继承了马克思等人的思想，提出场域、习性、实践等概念来消融上述二元对立。所谓的场域"被定义为在各种位置之间存在

---

① 李艳培：《布尔迪厄场域理论研究综述》，《决策与信息·财经观察》2008年第6期。

的客观关系中的一个网络，或一个构型。正是在这些位置的存在和它们强加于占据特定位置的行动者或机构之上的决定性因素之中，这些位置得到了客观的界定，其根据是这些位置在不同类型的权力（或资本）——占有这些权力就意味着把持了在这一场域中利害攸关的专门利润的得益权——的分配结构中实际的和潜在的处境，以及它们与其他位置之间的客观关系（支配关系、屈从关系、结构上的对应关系，等等）"。① 场域就是由某种关系构成的网络。在当今高度原子化的社会里，人类世界由极具独立性的社会组织重新组成，而这些独立的社会组织自身具有独特的运行逻辑和关系空间。布尔迪厄进一步指出在艺术、宗教或经济等领域都有相应的各自场域，遵循着各自场域中的逻辑规则。

场域本身由种种错综复杂的关系构成，并不存在一个具体的核心、中心。关系之间呈现出流动、动态甚至是斗争的面貌，无论是场域内部，还是场域之间。在布尔迪厄看来，场域本身通过内在斗争而摆脱政治、经济等其他外在因素的控制，正是这种内在运动使其获得一种独特的运行逻辑，以及与其他场域相区别的独立性。场域作为一种场所，当中处处存在为争取更高位置的权力联系、权力斗争。在权力相互竞争这一点上，布尔迪厄也经常将场域比作"游戏"："事实上，我们可以将一个场域小心地比作一种游戏（jeu），尽管场域与游戏有许多不同：场域不像游戏，是深思熟虑的创造行为的产物，而且它所遵循的规则，或更恰当地说，它所遵循的常规，并不是明白无疑、编纂成文的。"② 游戏也有自身要遵循的游戏规则，正式进入游戏前所有玩家都提前意识到游戏过程将会发生什么，即游戏者彼此为敌、互相争夺胜利。达成对游戏规则的共识是

---

① ［法］布尔迪厄、［美］华康德：《反思社会学导引》，李猛、李康译，商务印书馆2015年版，第122—123页。

② ［法］布尔迪厄、［美］华康德：《反思社会学导引》，李猛、李康译，商务印书馆2015年版，第123页。

进入游戏的必要前提，玩家之间的关系也构成了游戏进行本身的基础，更确切地说玩家之间的力量对比状况最终决定了场域具体结构。而在我们日常社会领域中也存在这种游戏式的互动关系。参与者手中不同的"手牌资源"发挥着可大可小的作用，即我们称作资本的东西。而具体的场域最终决定每种资源所具有的价值。运用到数字化时代高校思想政治教育具体建构过程里，就意味着在教育场域中的师生关系构成了教育、教学场域的形成基础。其中，高校阶段的思政课教师和学生各自拥有自己的"手牌资源"，拥有不同于其他阶段的资本价值。如何根据教育场域中大学阶段的特征而调整思政课教师的教学手段，归根结底也是以大学师生之间的关系为基础。

场域作为空间也有其边界。场域的边界意味着场域内各要素、资本起作用的范围，也意味着场域之间差异性的最初表现。一个成熟场域的边界存在一种制度化的入口，进入或退出该场域都意味着要经过该制度的洗礼。因此，"一个阶层或者阶级脱离原有的社会阶层或阶级，往往需要很长时间的改变，即使他们在经济或者文化层面上有了突飞猛进式的发展，但也需要经验和时间的发酵"[1]。构成场域的种种内在关系和边界一样，都经由经验实践共同形成，而外来者一旦越过边界进入场域，他在行动实践上就必须表现出与该场域相应的习性。

更进一步地，布尔迪厄将场域与习性、资本相联系，三者共同构成实践理论的支柱，并分别回答了"参与者在何处实践、怎样实践和用怎样的手段实践等相互联系的社会问题"[2]。在此，布尔迪厄站在马克思关于资本、阶级、实践的学说基础上，结合场域、习性等概念发展出自己的场域实践理论。

---

[1] 孙忠良：《布尔迪厄的文化实践理论研究》，硕士学位论文，黑龙江大学，2018年。
[2] 胡紫薇：《布尔迪厄实践理论研究》，博士学位论文，黑龙江大学，2023年。

在布尔迪厄那里,他的习性概念相比一般而言的习惯多了一层主观能动性的维度。习惯是被动的、机械性的。就这点而言,它意味着人类族群在历史生成中的集体经验个体化,人类经验的普遍性寓于个体习性行为当中。习性是在带有目的性的教育活动中养成的,特别是在家庭教育和学校教育中。布尔迪厄尤其注重家庭教育,认为"家庭教育的作用更为重要,家庭教育使个人与文化之间天生地保持着一种熟悉的关系,从而进一步地激发出人的自信以及对文化的掌控能力"[①]。尽管如此,我们也没有理由忽视学校教育的重要性,尤其是数字化时代学校教育面临着新的转型、新的挑战,需要重新审视、发掘实践场域理论中的教育价值。

具创造性的是,布尔迪厄紧接着将人类赖以生存的习性与马克思始终强调的资本相结合。在某个特定场域内,占权力优势的统治阶层尽可能操控各种资本,使其在具体实践上占尽优势,而资本也是划分不同阶层的重要依据。场域内各阶层不同的生活习性反映的就是背后相应资本的运作。占尽权力优势从而掌握大量教育资本的统治阶层,所培养出来的子女后代延续相应阶层的生活习性,进而继续巩固自己的阶层,控制掌握场域的运行规律。习性的养成、资本的运作等,都要在具体的特定场域中进行。资本促使相应习性的养成,习性进一步巩固资本自身,而场域为资本转化成相应习性提供实现场所,二者反过来影响场域自身的变化发展,起到巩固、维持的作用。而在这种场域形成的过程中,最初资本的差异造就了习性、实践行为方式的后续差异。

以此,布尔迪厄建立起以场域、习性、资本为支柱的实践理论,并在各个具体领域进行考察,如文化领域、教育领域。

[①] 孙忠良:《布尔迪厄的文化实践理论研究》,硕士学位论文,黑龙江大学,2018年。

二 数字化教学实践场域理论

如上述所言，尽管布尔迪厄更注重家庭教育，但他在学校教育领域也曾出版过多部著作①。通过实践场域理论，他呈现出理解学校教育的另一视角，揭示出"学校作为现代民族国家中，社会等级制再生产的极为重要的制度机制，为现存社会秩序提供了行动的社会正义论、不平等的合理化原则和使它得以维持延续的认知基础和道德基础"②。联系上述实践理论，学校的功能在于作为最广阔的场域社会教育、培训各个下属子场域的具体习性，通过教化的方式让学生能尽快进入、适应各个场域。伴随着背后资本的差异，场域中也存在着不同阶级、不同习性。同样地，作为场域的学校教育领域，也存在着对应培养不同习性的教学模式，如贵族学校、私立学校、公立学校等区分。以此，学校为人类生活习性的延续、更广泛的社会的延续提供保障，是社会自身再生产的重要一环，如他提到的文化资本概念、文化再生产过程。

在思想政治教育过程中，教育空间以及场景具有重要作用。如果我们把思想政治教育视为一种社会实践，那么教育空间以及场景就成为这一实践的场域，其运作机理就可以用实践场域理论予以解释。根据布尔迪厄的实践场域理论，社会由各种场域构成。场域是具有特定规则和结构的社会空间。场域以外的各种因素，如经济、政治、文化等，并非直接作用于主体，而是首先通过场域内的规则、结构和力量，预先经历一次重新塑造的过程，才能对主体产生影响。这种重新塑造的过程，体现了场域的能动性。场域的能动性，使外部因素在作用于主体之前，已经被场域

---

① 如《教育、社会和文化的再生产》(*La Reproduction. Éléments pour une théorie du système d'enseignement*, 1970)、《学术人》(*Homo Academicus*, 1984) 等。
② 张似韵:《学校教育体系与社会等级制的再生产——布尔迪厄的文化再生产理论述评》，《社会》2002 年第 1 期。

赋予新的含义和意义。场域不仅是外部因素作用于主体的媒介，也是外部因素被主体接受和内化的条件。因此，思想政治教育工作者要充分认识思想政治教育空间作为场域的运作机理，重视教育空间及其场景塑造，发挥场域的能动性，提升促进思想政治教育的效果。

利用布尔迪厄的场域实践理论有助于我们数字化转型背景下的场域建构。在数字化转型的进程中，教育领域的学习空间正在经历翻天覆地的变革。随着数字技术的广泛应用，传统的学习场所已经得到了拓展和重构，将空间重新塑造成一个全新的教育场域。这个全新的场域不再局限于传统的课堂框架，而是在数字技术的赋能下，创造了全然不同的规则和形态。近年来，随着大思政课建设的不断推进，数字技术在教育领域的应用也愈发深入，为教育空间的利用带来了全新的模式和实践形态，赋予了教育空间全新的特质，使其成为一个全新的场域。这些新形态的发展主要包括三个方面：场馆思政、场景思政以及智慧思政。

场馆思政。场馆思政指的是利用具体的场馆、基地进行思政教育。这种方式通过特定场所的营造与利用，为思政活动提供了有形的空间支持，让教育活动在特定的场地条件下更具针对性和体验感。

场馆思政的传统形式主要包括红色教育基地、校史馆、博物馆等。这些场馆具有历史、文化、教育等方面的价值，可以为思政教育提供丰富的资源和素材。在数字化转型背景下，场馆思政也获得了新的发展机遇。比如，通过智能化管理系统，教育者可以更好地规划场馆利用、安排教学内容，并提供更丰富的互动体验。同时，基于虚拟现实技术的应用，可以在实体场馆内部建立虚拟展示，扩展思政教育的边界。这种整合传统场馆与现代科技的方式，使思政教育更具体、更有趣味性，为学生提供了更丰富的学习体验。

场景思政。场景思政是利用虚拟技术建构的场景，借助数字技术的力量，创造出虚拟的展厅或场景，使思政教育能够在虚拟的环境中进行。这种方式不受时间和地域的限制，为思政教育提供了全新的可能性，使学习者可以在虚拟场景中进行更加生动和具体的学习体验。

场景思政的典型形式包括VR/AR、游戏化教学等。这些技术可以为学生创造逼真、生动的虚拟场景，让他们身临其境地感受历史事件、体验现实决策，从而更加深入地理解思政理论。这种虚拟场景的建构为学生提供了更具体、更生动的学习体验。此外，随着虚拟现实技术的不断成熟，场景思政可以进一步扩展至更多领域，如模拟实验、互动教学等，使思政教育更具体、更生动、更贴近学生的实际需求。

智慧思政。智慧思政则是利用智慧平台来进行教育活动。借助智能化、互联网化的教学平台，实现线上思政空间的构建与运用，使远程教学成为可能。这种方式使思政教育不再受制于传统的面对面教学模式，数字技术的赋能为教育带来了更为便捷和灵活的形式。

目前学界已经借助场域实践理论就教学过程中出现的具体问题进行过探讨，并尝试提出解决方案。在数字化时代下《教育信息化"十三五"规划》将"同步课堂"[1]列为重点建设任务之一，而同步课堂要求借助数字化赋能，实现城市与乡村课堂教学资源共享。借助场域实践理论，我们可以在这种新型教学场域中看到城市教学和乡村教学两种不同的教学资本，其中包括不同地区之间的经济资本、文化资本和社会资本。经济较发达的地区和

---

[1] 《教育部关于印发〈教育信息化"十三五"规划〉的通知》，中华人民共和国教育部网站，http://www.moe.gov.cn/srcsite/A16/s3342/201606/t20160622_269367.html。

城市，拥有更优质的教学资源，如齐备的硬件设施和优质的师资队伍。而同步课堂的其中一个重要意义就在于尽可能缩短城乡师资之间的差距，这对乡村课堂中作为接收端的教师提出了更高的要求。

在数字化时代的同步课堂中，乡村接收端教师要重新适应自己的教学定位。由于教学场域的变化，接收端教师不再承担传统的教学任务，而是扮演辅助的角色，时刻关注同步课堂中学生的学习过程。大体上包括在课前与主讲教师就教学内容和学生情况提前进行充分的教学沟通准备；课中协助学生解决课堂中出现的问题，必要时还可以进行补充讲解，转变自己的主讲教师身份，甚至可以从观察者的角度参与课堂教学；课后帮助学生消化学习内容，总结所学知识，及时与主讲教师反馈教学效果，为以后的良性教学循环做好准备。在此过程中，教学场域无形中发生了变化，新型教学活动和师生关系悄然生成。接收端教师既成为知识的辅助教授者，也在主讲教师的授课下成为学习者。

在场域实践理论中，主讲教师和接收端教师背后是不同教学资源的体现，包括新型数字化教学平台和教学工具，因此接收端教师更要从主讲教师处合理、充分利用好优越的教学资源，缩小教学资源差距，进一步实现教学公平。相应地，主讲教师也应在课前和接收端教师就学生具体情况进行充分沟通，调整自己教学内容相关准备，并尽可能在课后的双向反馈中改善自己的教学细节。伴随着场域中教学资本的流动，教师、学生的教学习惯和学习习惯都要相应地作出调整，特别是在传统教学方式和同步课堂新型教学方式交叉进行的情况下，教师更要协助学生熟悉切换学习习惯。就此，数字化时代下教学场域本身也发生着变化。

就高校思政课堂而言，无论是传统教学模式还是同步课堂模式，经常会出现"抬头率"低、学生课堂参与率低等消极现象。在布尔迪厄的场域实践理论中，这意味着教学场域中场域关系和资本的失衡，即场域中教师与学生代表着不同资本，学生与学生之间也因应不同的家庭背景状况而呈现出接受不同的教学资本。例如从小接受良好教学资源的学生，在课堂上更能高效地参与师生互动，进而形成良性循环，反之亦然。

解决这种问题的其中一个办法是教师尽可能将课堂话语权让渡给学生，让学生在一定程度上获得资本，特别关注成长过程中没获得太多优质教学资源、文化资本的学生，教师更要鼓励他们主动参与课堂活动。按照这样的思路，下一步就是帮助学生合理有效使用这种话语权、资本。例如让学生参与课堂共建，共同参与教学内容的准备，给予学生平等的受教育权利和发言权利，正视他们的观点、疑问和诉求，让学生尽可能以不同方式参与到课堂教学中。在这一过程中，教师自身要相应地优化自己的教学技巧，而场域本身也在教学资本的流动变化中优化自身结构，使师生关系朝着更平等的良性关系发展。

第三节 数字化时代高校思想政治教育的创新路径

一 科技赋能思政课堂教学

科技赋能思政课堂是利用科技手段和工具来增强思政课堂的教学效果和教育实践的一大创新建设。为贯彻党的二十大精神，落实立德树人根本任务，办好人民满意的教育，教育部办公厅于2023年5月印发《基础教育课程教学改革深化行动方案》通知。《行动方案》中明确强调推进数字化赋能教学质量提升。充分利用数字化赋能基础教育，推动数字化在拓展教学时空、共享优质资源、优化课程内容与教学过程、优化学生学习方式、精准开展教学评价等方面广泛应用，促进教学更好地适应知识创新、素养形成发展等新要求，构建数字化背景下的新型教与学模式，助力提高教学效率和质量。建好用好国家中小学智慧教育平台，丰富各类优质教育教学资源，引导教师在日常教学中有效常态化应用。全面总结"基于教学改革、融合信息技术的新型教与学模式"实验区经验，推出一批数字化应用的典型案例。[1] 在此基础上，高校可以利用在线教学平台，如网络课程管理系统、虚拟学习环境等，为思政课堂提供在线学习资源和互动交流平台。学生可以在课后进行线上讨论、回答问题、提交作业等，促进学生的主动参与和深度学习。更进一步，高校更要开拓利用虚拟现实技术，创造出身临其境的学习场景，让学生亲身体验和感知思政课程中的内容。例如，通过虚拟现实设备，学生可以参观历史事件的场景、体验伦理道德决策的情境等，增强学习的沉浸感和现实感[2]。

在科技赋能思政课堂创新建设上，广东省江门市五邑大学无疑走在创新前沿。科技赋能思政课堂，是思政课教学创新发展的重要方向。近年来，五邑大学积极探索利用科技手段和工具，提升思政课教学的吸引力、感染力和实效性。五邑大学以人工智能技术赋能作为建设阵地，依托该校中德人工智能研究院（江门）高水平科研平台和研究院院长崔岩博士领衔的研究团队力量，不断强化人工智能技术在党史学习教育中的支撑作用，精心打造出"两基地两中心"，即党员教育基地、江中珠思想政治教育基地、马克思主义教育虚拟仿真中心，以及马克思主义理论研学中心，并被评为广东省

---

[1] 《教育部办公厅关于印发〈基础教育课程教学改革深化行动方案〉的通知》，中华人民共和国教育部网站，http://www.moe.gov.cn/srcsite/A26/jcj_kcjcgh/202306/t20230601_1062380.html。

[2] 参考国内相关研究的硕士学位论文：刘惠琴《VR技术在高校思想政治理论课的应用研究》，江西理工大学，2022年；唐萍《基于红色VR场馆的高校思政课实践教学设计与应用》，河南师范大学，2019年。

教育系统党史学习教育优秀典型案例。其中，马克思主义教育虚拟仿真中心是粤港澳大湾区首个新一代信息技术与思想政治教育深度融合的创新建构成果，为党员教育、高校思政课教学、区域思政课协同创新与研究提供了虚拟仿真环境和优质平台。马克思主义教育虚拟仿真中心采用数字化与实体化虚实相结合的形式，通过现代计算机视觉技术，结合人工智能及三维技术，实景还原红色基地，打造党史学习教育 VR 沉浸式教室、CAVE 沉浸式投影厅、革命场景 MR 复原体验室、党史长廊等党史学习教育新载体，对红色史迹、文物进行超高精度还原和数字化储存，为师生提供全新的交互式、体验式、沉浸式教育学习环境。[①]"展馆不受时间和地域限制，融入党建传统文化、红色文化和地方特色文化，使党建和课程思政相结合，在课程学习过程中，完成党建知识文化从认知到实践操作的转化，从而推动思想政治教学工作"[②]，是目前较为理想的实现形式，而实现这一点需要不同学科间以及地方社区与高校间的合作。随着各高校在科技赋能思政课堂上的探索建设，"越来越多的 VR 课堂思政资源不断出现，通过对资源的有效整合，形成 VR 课程思政资源体系，完全可以像国家线上精品课程资源一样达到课程资源共享与课程资源引领的效果"[③]。

五邑大学 VR 沉浸式教室是一种运用虚拟现实技术的教育创新模式。通过使用 VR 设备和软件，学生可以身临其境地参与学习活动，增强学习体验和理解能力。在 VR 沉浸式教室中，学生可以通过虚拟现实技术进入各种场景，如历史事件重现、实地考察等。他

[①] 参考《邑大新生"开学第一课"人工智能赋能党史学习教育》，江门新闻网，2021 年 9 月 16 日。

[②] 虞光云：《虚拟党建文化展馆的教学探索与实践——以"计算机辅助设计"课程构建为例》，《教育教学论坛》2022 年第 25 期。

[③] 王德贤：《VR 技术在高校课程思政教学中的应用探索》，《科技与创新》2022 年第 20 期。

们可以亲身体验不同时空背景下的情境，感受真实的环境并与虚拟对象进行互动，让师生仿佛置身于实景之中，去体会伟人所生活和成长的环境。通过 VR 虚拟复原革命场景技术，让学生身临其境地体验到了革命精神所蕴含的伟大力量。这种学习方式能够激发学生的兴趣，提高他们的参与度和专注度。在这种数字化新型教学模式中，"由于人与人之间的交流被拓展到了更广阔的时空中，因而师生间交流的深度和广度都远远超越了传统的教学，并因此在交往中形成了'交往主体'，从而打破了教学主客体二元对立的困境"[①]。就这种交互主体式的新型教学方式而言，"'大思政课'视野中的沉浸式教学，是以思想政治教育生活化为目标、以现实或虚拟'生活世界'为场景、以思想政治教育主题叙事为内核，在引导学生获得感官体验、情感体验、价值体验的基础上，由学生自主完成理论知识学习、意义建构和价值养成的教学模式"[②]。此外，VR 沉浸式教室还可以提供一些实践性的学习机会，如模拟实验、职业技能培训等。学生可以在虚拟环境中进行各种实际操作，以培养实际应用能力。五邑大学引入 VR 沉浸式教室，有助于拓展教学手段，提升教学效果。通过这种创新模式，学校可以为学生提供更加生动、具体和个性化的学习体验，促进他们的学习兴趣和动力。

五邑大学利用数字化场景重建和 VR 技术，对红色史迹和文物进行了超高精度的还原和数字化储存。这使师生可以身临其境般地参观学习红色史迹和文物，丰富了教学内容，并为学生提供了直观和生动的学习体验。例如，五邑大学利用数字化场景重建技术，对中共三大会址、五邑革命烈士纪念馆等红色史迹进行了数字化复原。学生们可以通过 VR 技术，身临其境地参观这些红色史迹，感

---

① 蔡文璞、祝小宁：《沉浸式教学助力高校思政课改革》，《学校党建和思想教育》2022 年第 8 期。

② 洪岩：《"大思政课"视野中的沉浸式教学探析》，《思想理论教育导刊》2022 年第 9 期。

受革命先辈的奋斗历程，激发爱国主义情怀。五邑大学还利用 VR 技术开发了"红色文化云课堂"。该课堂集合了五邑大学的红色文化资源，学生可以通过 VR 技术，参观红色史迹、体验革命场景、深入学习红色文化。

五邑大学的 CAVE（Cave Automatic Virtual Environment）沉浸式投影厅是一种先进的虚拟现实技术应用设施。该投影厅采用多个高分辨率的投影仪和立体声音响系统，将三维图像投影到四面墙壁和地面上，使观众感受到身临其境的沉浸式体验。在 CAVE 沉浸式投影厅中，学生可以与虚拟环境进行互动，探索和体验各种场景和情境。通过戴上特制的 3D 眼镜和跟踪设备，学生可以在无须戴头戴式显示器等设备的情况下，全方位地观察和参与虚拟环境中的活动。CAVE 沉浸式投影厅在教育中有许多应用。例如，学生可以在虚拟实验室中进行科学实验，观察和操作虚拟实验设备。他们也可以参与历史事件的重现，亲身感受历史场景。五邑大学引入 CAVE 沉浸式投影厅，旨在提供一种创新和交互性强的学习环境。通过身临其境的体验，使学生能够更好地理解抽象概念，并培养他们的观察力、协作能力和问题解决能力。这种先进的技术应用有助于激发学生的学习兴趣，提高他们的学习效果和创造力。

MR 复原体验室（Mixed Reality Reconstruction Laboratory）是一种借助混合现实技术进行场景复原和还原的实验室。该实验室结合了虚拟现实和增强现实技术，通过对真实场景的捕捉和模拟，呈现出一种融合虚拟元素和真实环境的体验。在 MR 复原体验室中，通常会使用 3D 扫描、摄像头、传感器等设备对现实场景进行数字化重建。这些设备可以捕捉物体的形状、纹理和运动，并将其转化为计算机模型。然后，通过 MR 技术，将虚拟元素与真实环境进行融合，使用户可以在现实环境中看到虚拟的三维物体或信息，实现与虚拟内容的互动。目前国内已有大量高校依托自身的理工科学院原有基础加快建设思政课程数字化进程。

五邑大学建设了马克思主义理论教育虚拟仿真中心。虚拟仿真中心的建设为学生提供了一个沉浸式、交互式的学习环境。例如，在"党史学习教育 VR 沉浸式教室"中，学生可以通过 VR 技术，重温中国共产党的百年奋斗历程，感受党的伟大精神。在"革命场景 MR 复原体验室"中，学生可以通过 MR 技术，体验革命战争时期的战场氛围，感受革命先烈的英勇无畏。五邑大学积极探索三维数字化技术在教育实践中的应用。2020 年 8 月，五邑大学与珠海四维时代网络科技有限公司合作，组建"邑继红承"实践团队。学生们利用三维建模技术，遍访位于江门村镇的革命旧址开展暑期实践，深入体验红色文化。五邑大学还利用三维数字化技术重建了广东人民抗日解放军司令部旧址，使其成为青少年教育基地。通过三维数字化技术，学生们可以身临其境地感受抗战时期的战争氛围，深刻理解革命先烈的伟大精神。五邑大学在科技赋能思政课堂方面取得了积极进展，为其他高校提供了有益借鉴。通过应用科技手段和工具，五邑大学为师生提供了丰富多彩的学习体验，同时也为传统的教育方式提供了有益补充。

在科技赋能思政课堂方面的探索与实践，主要体现在以下几个方面：

以学生为中心。五邑大学的科技赋能思政课堂，始终坚持以学生为中心，注重发挥学生的主动性和创造性。例如，在虚拟仿真中心的建设中，五邑大学充分考虑了学生的学习需求，为学生提供了沉浸式、交互式的学习环境。

注重实践性。五邑大学的科技赋能思政课堂，注重将理论与实践相结合，让学生在实践中加深理解。例如，五邑大学的"邑继红承"实践团队，利用三维建模技术，深入体验红色文化。

拓展教学时空。五邑大学的科技赋能思政课堂，拓展了教学的时空范围，让学生能够突破地域限制，获得更广泛的学习资源。例如，五邑大学的"红色文化云课堂"，集合了五邑大学的红色文化资源，为学生提供了丰富的学习内容。

展望未来。随着科技的不断发展，思政课堂的科技赋能将会更加深入。五邑大学将继续探索利用科技手段和工具，提升思政课教学的吸引力、感染力和实效性，努力培养担当民族复兴大任的时代新人。

二　助力开辟思政教育第二课堂——以博物馆为例

开辟思想政治教育第二课堂是指在学校教育之外，为学生提供更加广泛、丰富的思想政治教育内容和机会的一种探索。"第二课堂是针对第一课堂而言具有素质教育内涵的学习实践活动，即学生在教学计划规定课程之外自愿参加、有组织进行的各类活动。"[①] 第二课堂可以使学生在更加自由、宽松的环境中进行思考和实践，培养他们的创新精神、社会责任感和批判思维能力，同时促进学生全面发展。但是需要注意，这些活动应该遵循法律法规和学校的管理规定，确保内容健康、积极，不涉及敏感政治话题和违法行为。由此可见，"第二课堂首先具有补充课堂教学的理论实践功能，同时也具备完善学生知识需求以外的其他教学需求，尤其是当代教育中以人为本的教育理念不断实践，第二课堂已经成为学生全面发展不可替代的一种学校教育，第二课堂本身是教育学范畴的概念，它是现代教育理念下不断发展的教育手段和图景，其自身具有德育、智育、美育等全方位的教育功能"[②]。

在数字化时代，高校思政第二课堂可以借助新技术和数字化平

[①] 谢相勋:《高校第二课堂活动课程研究》，四川大学出版社2012年版，第9页；参见梅鲜《高校思想政治教育第二课堂建设研究》，上海三联书店2023年版。

[②] 参见梅鲜《高校思想政治教育第二课堂建设研究》，上海三联书店2023年版。

台，为学生提供更加便捷、多样化的思政教育内容和机会，包括：丰富线上学习资源，通过建设在线学习平台或者使用现有的学习管理系统，提供丰富的思政教育资源，如在线课程、教学视频、电子书籍等，让学生可以随时随地进行学习和讨论；组建网络讲座和研讨会，组织线上讲座和研讨会，邀请专家学者通过网络分享思政教育相关的知识和经验，同时开展互动交流，让学生参与讨论和提问；虚拟实境技术，利用虚拟现实（VR）等技术，模拟真实场景，创造思政教育体验，例如参观历史场景、观赏艺术作品等，增强学生的互动感和沉浸式体验；管理社交媒体平台，利用微博、微信公众号等社交媒体平台，建立学生思政教育的官方账号，发布思政教育内容和活动信息，引导学生积极参与互动；组织在线社团与项目，鼓励学生通过网络平台组建思政教育相关的线上社团或者参与项目，积极参与讨论、合作和实践，培养学生的团队协作能力和实际问题解决能力。数字化时代高校思政第二课堂的开展可以更好地满足学生的个性化需求，提供灵活多样的学习方式，并鼓励学生积极参与讨论和实践。

目前，针对思想政治教育第二课堂开展的形式多样，大致包括主题活动教育、社会实践教育、志愿服务教育、科技创新教育、校园文化建设和心理教育等[1]。在此以博物馆为考察对象，探究在新科技、新理念下传统博物馆的功能发展，以及在数字化时代科技赋能下新兴数字博物馆、智慧博物馆的建设。

作为首批"国家一级博物馆"，广东省博物馆同时也是广东省首批"粤港澳文化合作示范点"以及"粤港澳青少年交流活动基地"。目前，广东省博物馆藏品总数32万余件（套），包括自然标本、化石等5.3万余件（套）。其中，古代书画和陶瓷两类文物的

---

[1] 参见梅鲜《高校思想政治教育第二课堂建设研究》，上海三联书店2023年版。

数量和质量居于全国博物馆前列，外销艺术品、出水文物、华侨文物、潮州木雕、端砚等特色文物收藏在全国首屈一指。学术研究方面，该馆是唯一同时管理出版两本高水平学术期刊的省级博物馆，设有"图像人类学研究中心""海洋出水文物保护研究中心""外销艺术品研究中心"，引领相关领域研究。文物保护方面，该馆建立国内最早的专业化海洋出水文物保护实验室，承担"南海Ⅰ号""南澳Ⅰ号"等国家重大水下考古发掘项目的出水文物保护工作，在海洋出水文物保护领域处于领先地位。[1]

博物馆在收藏和展示自然和人类物质与非物质文化遗产的同时，更是提供教育和文化交流的平台："在博物馆提倡'大教育'的概念，馆内的业务活动和制度设计以教育为导向，把观众的博物馆参观活动变成一种具有教育性质的体验，这也是包括广东省博物馆在内的现代博物馆的努力方向"[2]。迄今为止，广东省博物馆以广东地域和岭南文化特色，依托岭南民俗文物、华侨文物、海洋文物、近现代革命文物以及代表性地方工艺类文物，分别以线上线下的方式开展了多项馆内教育活动。同时，博物馆也以本城市为教学资源，以"走出去"的方式开展线下活动，如"重返'十三行'活动"[3]，以沙面—珠江边—靖远路—十三行路—文化公园为参观线路，回顾认识18、19世纪作为世界贸易网络重要节点的城市广州。博物馆同样推行爱国主义教育，如结合当地历史文化的"百年党史中的广东实践"活动，讲述广东在近代以来特别是百年党史上的重要地位，通过相关史实和历史人物，重点讲述大革命的策源地和改革开放的先行地等内容，展示广东在百年党史中所作出的突出贡献。博物馆扮演着保护和传承地区文化遗产、展示当地历史和文化

---

[1] 参考广东省博物馆网站主页介绍（www.gdmuseum.com）。
[2] 刘修兵：《讲中国故事，建第二课堂——访广东省博物馆馆长魏峻》，《中国文化报》2015年5月25日第8版。
[3] 参考广东省博物馆2023年3月11日官方微博。

的重要角色。它不仅向公众提供了丰富的艺术品和文物展览，也是学习和了解当地历史文化的重要场所。

全面推进大思政课建设包括了本民族历史的教育和保存，而广东省革命历史博物馆一直在进行这样的工作。自建馆以来，博物馆一直在收集和整理有关广东革命历史、广东近代历史和广州文化遗产的文物文献，并在文化自信基础上对本地红色文化资源进行保护、整合和利用开发，设有"近代广州""广州起义""胡志明在广东""启航——中华全国总工会在广州""中国共产党领导下的中国社会主义青年团创建历史陈列"等多个常设展览，并在近五年来举办了《1927 永远的红色》沉浸式话剧、"红色文化轻骑兵之追寻革命踪迹"系列活动、"红色文化轻骑兵之启航1925"系列活动、"寻访广州"系列活动、"读懂广州"系列活动、"红色思政大课堂""开学第一课"系列活动、妙不可言——文创作品设计大赛等多项系列活动[1]。"红色文化蕴含了党在长期领导中国革命与建设的伟大实践中所创造和积累的丰富历史经验，革命历史、革命传统精神和党的理想信念对提高广大党员的思想道德素养等有着重要作用"[2]，而地方红色文化博物馆则能够充分整合和利用好各地的红色文化资源，做好红色文化历史传承和保护开发的工作。

在数字化建设方面，作为全国首批智慧博物馆建设试点单位，广东省博物馆推动博物馆数字化转型，打造智慧管理、智慧服务、智慧保护的全新博物馆新形态。在结合新媒体和新科技创新方面，"我馆于 2013 年初推出微信免费导览服务，并利用新浪、豆瓣等官方微博开展观众互动，打造全新的新媒体服务模式，受

---

[1] 参考广东革命历史博物馆官方网站介绍。
[2] 宋爱珍：《基于文化自信下红色文化资源的有效整合与保护利用——以广东革命历史博物馆为例》，《中国民族博览》2020 年第 14 期。

到社会的好评"①。数字化时代下的数字博物馆是"建立在所有传统博物馆的数字化信息之上的网上博物馆。这种数字博物馆一方面改变了传统博物馆对藏品信息资源的保存、管理、使用和传播的手段;另一方面,可以全面展现一个国家的博物馆的收藏、动态、展示、研究成果,并通过互联网传送到世界,扩大影响"②。数字博物馆的藏品不再局限于具体的物质文化遗产,而是"要打破目前以传统博物馆拥有藏品为主的这种现状,将研究引向深入。所以数字博物馆的架构一定是一种无疆界的博物馆概念。其数字藏品来源不会只限于传统博物馆的数字化成果,还有社会大众提供的藏品的成果、其他形式的数字化藏品"③,即通过采集—数字化整合—展示的方式呈现藏品。

近年来,在数字博物馆基础上还发展出智慧博物馆,它"通过充分运用物联网、云计算、大数据、人工智能等新一代信息技术,感知、计算、分析博物馆运行相关的人、物、活动等信息,实现博物馆征集、保护、展示、传播、研究和管理活动智能化,显著提升博物馆服务、保护、管理能力的博物馆发展新模式和新形态"④。数字博物馆、智慧博物馆为观众提供了便捷的途径,无论身在何处,都能够通过网络了解和欣赏各地区的文化和历史。它打破了时空限制,为广大观众提供了随时随地学习和探索的机会,推动了文化遗产保护和传承的数字化进程。

中华优秀传统文化,是中国人民的精神纽带和认同基础。高校大思政教育在培养学生民族自豪感和归属感、文化自信心和文化认

---

① 刘修兵:《讲中国故事,建第二课堂——访广东省博物馆馆长魏峻》,《中国文化报》2015年5月25日第8版。
② 刘绍南:《数字博物馆系统架构初探》,《东南文化》2010年第4期。
③ 刘绍南:《数字博物馆系统架构初探》,《东南文化》2010年第4期。
④ 文物保护领域物联网建设技术创新联盟编著:《智慧博物馆案例》(第1辑),文物出版社2017年版,第6页,转引自钟文静《智慧博物馆资源在〈哲学与文化〉教学中的开发与运用研究》,硕士学位论文,广州大学,2023年。

同感的过程中，通过对中华文化的学习和传承，使学生能够更好地理解和欣赏自己的文化，增强文化自豪感和文化认同感，帮助学生更好地理解和认同自己的文化身份。大思政教育与传统中华文化相辅相成，通过教育和引导，将中华文化的优秀传统和价值观念传承给新一代，培养他们成为具有社会责任感和文化自信心的公民，为社会的发展和进步做出积极贡献。在这一点上，无论是线下传统型还是线上数字型，博物馆作为重要的课外第二课堂基地，担任着对传统文化保存和输出的重要任务。博物馆提供了大量不可多得的优质思想政治课程教学资源，而通过虚拟数字化方式，使这些教育资源以跨时空、跨媒介的方式得以更容易被获取。

三 建设新型智慧教学工具——以"雨课堂"为例

在数字化时代迅猛发展下，近年来网络授课的教学方式越来越受学生欢迎，不同教学阶段都涌现出大量优质的网络课程。网络授课是利用互联网和在线教育平台进行教学和学习的一种新型教学方式。通过网络授课，学生可以在任何时间、任何地点参与学习，并与教师和其他学生进行互动。

在如此众多的在线教育平台中，随着 MOOC（Massive Open Online Courses，大型开放式在线课程、慕课）课程环境和课程设计的逐步完善以及学习者自主性的提高，逐渐研发出与高校课堂教学相结合的辅助应用平台。"精准思政是指基于大数据、人工智能等前沿技术的介入，在精准思维和理念的引导下，实现思想政治教育的精准育人活动。"[①] 在习近平总书记精准思维的指导下，"雨课堂"作为一种创新的智慧教学工具，它通过充分利用科技手段，提升教育教学的效果和体验。2016 年清华大学研发出智慧教学辅助工

---

① 吴满意、景星维：《精准思政：内涵生成与结构演化》，《学术论坛》2019 年第 5 期。

具"雨课堂",并向社会公众免费开放。发展至今,"雨课堂"以创新、互动和个性化为核心,为教师和学生提供了丰富的功能和便捷的操作体验,以及丰富的多媒体教学资源,教师可以上传思政课程相关的文档、PPT、影音等资料,通过图文并茂的方式呈现给学生。这样的多媒体教学资源可以使抽象的思政概念更加具体和可视化,有助于学生理解和记忆。这种多媒体教学的方式,使教学内容更加直观、生动,能够激发学生的学习兴趣和主动性。教师可以自由选择教学材料,并根据学生的学习进度和特点进行灵活调整,提高教学效果。首先,"雨课堂"注重实时互动,教师可以通过该平台发起问答、讨论等活动,学生可以通过手机或电脑参与其中,并可以通过文字输入、语音回答等方式参与教学互动。这种实时互动讨论和回答的方式,有助于帮助学生深入思考、拓宽思维,激发他们的思考能力和创造力,培养学生的团队合作精神和沟通能力。同时,教师可以及时了解学生的学习情况和问题,并有针对性地进行辅导和解答,提高学生的学习效果。

其次,"雨课堂"提供在线作业和评价功能,使教师可以在平台上灵活设置作业内容和截止时间,如阅读材料后的思考题、案例分析等,而学生也可以方便地在平台上完成作业,并及时获得教师的批改和评价反馈。这种在线作业和评价的方式,不仅提高了教师批改作业的效率,也使学生能够及时了解自己的学习进度和问题所在,有利于他们进行自我反思和提升。在此基础上,"雨课堂"还具备数据分析和个性化辅导的功能。它可以记录学生的学习过程和数据,为教师提供学情分析和个性化辅导的依据。教师可以了解学生的学习进度、问题和优势,为个性化辅导提供依据,根据学生的学习情况制订有针对性的教学计划,帮助学生实现个性化的学习目标。同时,教师也可以通过数据分析,在思政教学中针对学生的不同情况制定教学策略,及时发现学生的学习困难和问题,及时给予帮助和指导，提高学生的学习效果。

此外，"雨课堂"还支持远程教学功能，教师和学生可以通过网络进行互动和教学，保证教育教学的连续性和稳定性。这对于高校思政教学具有重要意义，特别是在大规模教学、实践教学或者国际学生教育方面，远程教学可以打破时间和空间的限制（如新冠疫情期间），帮助学生更加方便地接受思政教育。这种远程教学的方式，不仅节省了时间和资源，也为学生提供了更灵活的学习环境和机会。"雨课堂"作为一种创新的智慧教学工具，以其丰富的功能和用户友好的界面，为教育教学带来了许多便利和机遇。它能够提升教学效果、促进师生互动、个性化辅导，并支持远程教学，为教育领域的发展做出了积极的贡献。"雨课堂"与高校思政教学的结合可以为思想政治理论课程带来更多的互动性、实效性和便捷性。它通过多媒体教学资源、互动讨论、在线作业和评价、数据分析和个性化辅导等功能，促进学生对思政知识的深入理解和应用，增强学生的思辨能力和价值观培养，并支持远程教学和学习，为高校思政教学提供创新的教育方式和教学环境。

根据夏鲁惠的说法，现阶段高校教学数字化已进入"将 PPT、MOOC、手机微信融为一体，预示着我国高校教学数字化将进入一个新的发展阶段，这个阶段的特征就是'互联网+黑板+移动终端'"①，而"雨课堂"等众多优秀的教学工具很好地实现了这一阶段。在将来，"教学需要细致化和精确化，需要满足广大学生的需求。教学环境、教学客体、教学媒介等教学要素在数字时代的驱动下发展变化，思想政治理论课教学改革正汹涌而来，教师需要与学生一同建构精准教学理念，实施精确教学模式，重构教学秩序"②。

---

① 夏鲁惠：《教学信息化必须面向教改实际》，《光明日报》2016 年 7 月 26 日第 13 版。
② 范琼：《精准思政——"雨课堂"在高校思想政治理论课教学中的实践研究》，《现代教育科学》2021 年第 3 期。

"雨课堂"在高校思政教学中的应用具有重要的意义，可以为高校思政教学改革提供新的思路和途径。而随着技术的不断进步和应用，相信"雨课堂"等新兴教学辅助工具将在未来发展中继续创新，为教育事业带来更多的变革和进步。

后　　记

　　本书是适应教育数字化推进教育强国建设的时代要求组织编写的，以期推动数字思政的学术研究与经验交流。

　　教育数字化是推进中国教育创新性发展的新路径，也是高校思想政治教育改革创新的重要向度。在高校，思想政治教育工作关系到培养什么人、如何培养人以及为谁培养人这个根本问题，必须紧跟时代步伐，因时而进，因势而新，推进高校思想政治教育改革创新，加快思想政治教育的数字化转型。目前，系统探索数字技术赋能高校思想政治教育的论著并不多见。为此，本研究小组在马克思主义学院揭晓教授带领下，探索数字技术赋能高校思想政治教育创新研究。本书以数字时代为切入点，深刻探讨数字技术对高校思想政治教育的影响和作用，从理念、话语、模式、载体和实践等层面探索思想政治教育的数字化运用，尝试建构数字时代高校思想政治教育工作的育人体系。

　　本书由广东工业大学马克思主义学院揭晓教授组织编写，各章的编著者为：第一章揭晓、徐伟明，第二章杨冰，第三章吴泽文，第四章徐红，第五章徐超，第六章王穗实。

　　本书得到中国社会科学出版社的重视和支持，在此谨致以深深的敬意和真挚的谢意！

限于编者水平和时间，书中仍会存在粗疏之处，当此出版之际，敬请学界同仁不吝赐教。

本书编写组

2024 年 3 月